谨以此书献给我们的"太阳图"，感谢我们一起走过并还在走的中国特色学校诊断之路……

本书系国家社会科学基金课题"基于学生发展的
学校自我诊断研究"（项目批准号：12BGL099）的结项成果。

李凌艳 ◎ 著

学校诊断

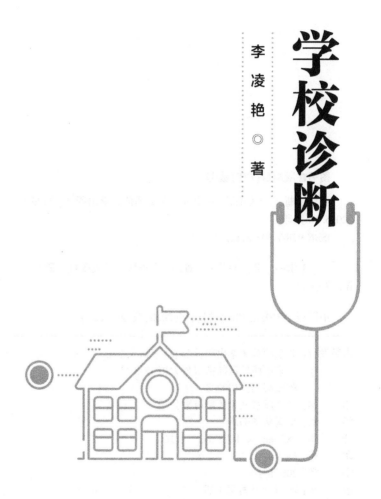

北京师范大学出版集团
BEIJING NORMAL UNIVERSITY PUBLISHING GROUP
北京师范大学出版社

图书在版编目(CIP)数据

学校诊断／李凌艳著. —北京：北京师范大学出版社，2020. 9
（2025. 10 重印）
　ISBN 978-7-303-25869-7

　Ⅰ. ①学…　Ⅱ. ①李…　Ⅲ. ①中小学－学校管理－研究
Ⅳ. ①G637

中国版本图书馆 CIP 数据核字(2020)第 093112 号

出版发行：北京师范大学出版社 https：//www. bnupg. com
　　　　　北京市西城区新街口外大街 12-3 号
　　　　　邮政编码：100088
印　　刷：北京虎彩文化传播有限公司
经　　销：全国新华书店
开　　本：787 mm × 1092 mm　1/16
印　　张：13
字　　数：206 千字
版　　次：2020 年 9 月第 1 版
印　　次：2025 年 10 月第 5 次印刷
定　　价：46.00 元

策划编辑：郭　翔　　　　　责任编辑：马力敏　赵鑫钰
美术编辑：李向昕　　　　　装帧设计：李向昕
责任校对：康　悦　　　　　责任印制：马　洁

序

Preface

随着人们生活水平的提高，健康体检正成为我们生活的一部分，体检的价值也受到越来越多的人的认可，应该说，这是人类社会进步的重要标志。

然而，一个组织是否"健康"却没有很好的检测方式。如同对自己身体的感受一样，我们对自己身处的组织同样有着切身的体验，惬意畅快还是忧虑烦闷，春花烂漫还是秋雨绵绵，百家争鸣抑或万马齐喑，我们甚至无需更多的探究，凭每个人的直觉，我们就会对一个组织有一些基本的判断，而这样一些初步的粗浅的判断，却往往具有惊人的准确性。可是，这样的判断连我们自己也会心存怀疑，我们更不可能追根究底，探明前因后果，或者找到问题背后的问题，以促进组织健康成长。

李凌艳教授的这本《学校诊断》，从某种程度上填补了对学校这样一类组织体检的空白。作者通过大量的实证研究，初步找到了学校作为一个组织健康的"基因"，归纳总结出学校各个"器官"可能产生"病变"的显性指标，以及可能的原因，为学校组织里的每一个成员、每一个部门的健康成长提供了很好的借鉴。

尤其需要说明的是，李凌艳教授带领的学校诊断组，始终坚持第三方旁观者的目光，对诊断结果的审慎的使用，既帮助了当事人认识自我，又最大限度保护了当事人，确保每个人不至于因诊断受到某些不必要的过度刺激甚至伤害，始终保持诊断提醒、促进成长的姿态。这样的科学态度是我们尤为赞赏的。

一段时期以来，我们身边，特别是校长同行中存在着一些令人担忧的风习。表扬和自我表扬让我们不能自知，我们把社会各方对我们的鼓励误作赞美照单全收，虚荣心裹挟着自尊心，自负挟持着自信，让我们不能自拔，更不敢正视真正的自己。

麻省理工学院领导力中心执行主任哈尔·格雷格森（Hal Gregersen）认为，权力和地位往往使领导者受到隔离，无法接触到挑战他们预想和战略的重要信息。大家都不想把坏消息告诉老板，于是领导者最后才知道坏消息。

不想正视坏消息，系人之天性，学校的领导者和组织里的每一个人都不例外，每个人都希望留在舒适区里，但舒适可能正是我们最大的敌人。我以我的经历，充分体验到了学校诊断的意义。如定期体检一样，诊断真的可以让组织和个体更健康。

当然了，我们还可以看到好多好消息呢！

李希贵

2019 年 3 月 8 日

目　录
Contents

第一章　为何要诊　　001

一、学校管理最怕什么　　003

二、"经验"并不总是可靠的　　005

三、诊断是对学校的"健康体检"　　006

四、只有懂得追求健康，体检才能有意义　　008

五、建立与学校发展阶段相适应的诊断　　011

六、提升自主决策力和发展力的学校诊断　　013

第二章　诊断什么　　019

一、评估指标紧扣与学生发展密切相关的学校要素　　021

二、寻找学校诊断的核心要素与观测点　　024

三、发现学校诊断的项目　　033

四、确定学校诊断的视角　　036

第三章　谁来诊断　　041

一、谁是学校诊断的主体　　043

二、成立学校诊断组　　　　　　　　　　　　　045

三、找寻"促进者朋友"——可靠的第三方专业评估团队　　055

四、形成优势互补的协同合作机制　　　　　　　060

第四章　如何诊断　　　　　　　　　　　　065

一、引领共识，确定诊断工具　　　　　　　　069

二、转换视角，准备基础数据　　　　　　　　077

三、动员组织，赢得师生信任　　　　　　　　079

四、研析数据，纵横交互对比　　　　　　　　088

五、结果解读，分层分类沟通　　　　　　　　092

第五章　以诊促改　　　　　　　　　　　　103

一、拒绝标签，结果不用于高利害　　　　　　106

二、发现问题，去伪存真找寻本质　　　　　　113

三、抓主存次，改进清单提供参考　　　　　　122

四、乐享经验，搭建交流机制和平台　　　　　127

第六章　诊断所得　　　　　　　　　　　　147

一、明确"我们走到了哪里"　　　　　　　　149

二、清晰"我们走得怎么样"　　　　　　　　158

三、确立"我们下一步如何走"　　　　　　　164

第七章　诊断愿景　　　　　　　　　　　　177

一、学校诊断的持续性、周期性和常态性　　　179

二、基于学生发展的反思让我们不断想起要去往哪里　181

后　记　　　　　　　　　　　　　　　　197

又　记　　　　　　　　　　　　　　　　201

第一章　为何要诊

"冰山效应"源于物理学中的常识，也是人类认知和组织管理中无法消除的客观存在：可见的"冰山"只是巨大"冰山"的一角，更多"冰山"则在"水面"以下，我们看不到。

管理者们通常由于所处位置的局限，身处"冰山之顶"而不自知，这便是管理的风险所在。

学校管理者也不例外。

【学校为什么需要诊断】
学校管理最怕什么
"经验"并不总是可靠的
诊断是对学校的"健康体检"
只有懂得追求健康，体检才能有意义
建立与学校发展阶段相适应的诊断
提升自主决策力和发展力的学校诊断

一、学校管理最怕什么

1912 年 4 月 15 日，泰坦尼克号在其处女航中沉没，1500 余人葬身北大西洋，造成了迄今为止最著名的一次海难，而这次海难也是史上死伤最为惨重的航海事故之一。撞上冰山则是导致这艘在当时被认为"永不沉没"的巨型豪华客轮惨遭厄运的原因。

其实，"冰山效应"也是心理学、管理学中的一个公理：常规条件下冰与水的密度比是 9∶10，即冰浮在水上，我们可以看到的只是其 1/10，而水面下看不到的还有更多的 9/10。也就是说，无论是个人的行为，还是组织的信息，显露于"水面"可见的只是巨大"冰山"的一角，更多可以撞沉"巨轮"的"冰山"则在"水面"以下，通常看不到。

冰山效应，常常是管理者最害怕的一种现象。因为，随着在组织中位置的变化，管理者常常会成为那个站在"冰山"顶端的人，由于位置的关系，很难看到巨大"冰山"下隐藏的重重危机。（见图 1-1）

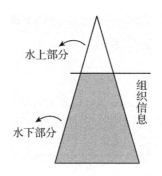

图 1-1　冰山效应在组织管理情境中的示意图

因此，想办法看到水面以下的"冰山"，是每个人、每个组织避免被"撞沉"的唯一出路。对于学校管理者，这意味着需要获取更多管理者视线"以下"的、来自学生和教师的真实学校信息，才能更好地规避管理过程中可能出现的风险。这里，"真实学校信息"一定要符合"用证据说话"的三个特性。

第一，要认清冰山效应是无法消除的客观存在，这与管理者个人的能力、风格等都无关，只是由其所处的位置而决定的。也就是说，冰山效应不可能为零，冰山效应大，则学校组织的管理风险就越大。管理者要始终清醒地意识到，在其个人视线之外一定存在其自身无法涉及的、他人眼中的"真实"。

第二，为了消除冰山效应带来的管理风险，需想办法改变信息获取的视角，取得包括管理者自身视线在内的所有角度的全面、有效的信息。只有尽量获取了这些信息，才有可能规避组织被"撞沉"的风险。

第三，真实、全面的信息既不能仅取决于管理者自身的印象，也不能只来自组织中其他某个人或某群人的经验，而一定是基于客观数据的——这样的数据一定是包括量化数据和质性数据等多种数据形态集合的信息总体。

然而，由于我们传统的学校组织结构源于苏联的学校管理体制，是比较典型的科层制，因此，多数校长们习惯了从科层管理角度出发的教学、德育、行政和后勤视角进行学校管理工作的切分（见图1-2）。但是，以管理者视角出发的这几大块工作的设计、实施和考核评估都基于为领导服务的管理导向，或者说，这样的职能划分是为了对接上级管理部门的工作。在这样的学校管理工作切块下，学生和教师总是处于学校管理的"最基层"，通常也就成了"最底层"。这也就是为什么传统学校会感觉问题总是停留在问题发生的地方，永远得不到解决的深层原因——究其根本，是学校治理结构和运转机制导致的。

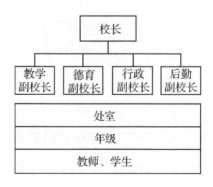

图1-2　传统学校科层制结构示意图

显而易见，在这样的组织结构和管理机制下，管理者更加容易被"放"在"冰山"之顶，所能看到的组织状况只能是管窥之见也就不足为奇了：难怪你的学校会出现层出不穷的问题，原来师生被"压"在了"最底层"！

相信翻开此书的学校管理者们在看到以上两个示意图后，会有一种惊醒的感觉：原来，身处被管理者位置所局限的"冰山效应"之中却不自知，才是学校管理中最可怕的处境！

二、"经验"并不总是可靠的

当然，也许会有不少学校管理者们觉得上文描述的冰山效应是危言耸听或者是杞人忧天。因为，我国基础教育一线中，还是有大量学校的基层干部是教师出身，他们长年扎根基础教育实践，与一线教师一起摸爬滚打，面对了一届届学生，所以，他们从来不会觉得自己会在学校的"冰山之顶"，不知教师所思所虑，不懂学生所想所需。或者说，长年在教育一线让他们积累了大量基础教育领域的实践经验，"经验丰富"常常是描述一位好干部的必备之词。

同样的道理，基础教育的学校管理领域，流传并信奉着这样一句话："一个好校长，就是一所好学校。"其实，这句话也折射出一个类似的事实：校长个人的经验和能力会很大程度地影响一所学校的发展。

然而，在这些描述经验的金句背后，也婉转地揭示了另一层事实：教育的经验，可意会不可言传，更多时候以一种微妙、感觉的形式存在。大多数时候，感觉是管用的，但往往说不清楚为什么；也有不少时候，感觉不一定准。因此，经验往往是个人的财富，在某个教师或干部身上特别管用的经验，换到另一个教师或干部那里，却不一定奏效；而且，即便同一个教师或干部，面对同一类型教育教学问题时，经验也不一定总是管用的。

这大概也是"一个好校长，就是一所好学校"其实往往还隐含着另外一个事实——"一个好校长离开，一所好学校将不在"——的个中缘由吧！而且，现实情况中更多见的是，一个曾经的好校长换了一所学校或一个地区后，也逐渐销声匿迹。

这究竟是什么原因呢？

其实，归根结底，可靠的并不是个人经验，而是经验背后隐含的规律、原则、方法和路径。如果经验始终以一种模糊的感觉状态存在，那么这样的经验导致不可靠的情况发生，是迟早的事情。真正可靠的是提高个人的经验反思力，对经验进行归纳和总结。

也就是说，只有当个人经验能够上升到众人能看懂和能学习时，这样的经验才会变得真正可靠。

尤其是在教育这个领域、在学校这个组织中，所有经验都会与他人的互动有关，借助特殊情景而存在，也注定随情景转换而发生变化。所以，这样的经验往往难以像自然科学领域中那样用精准的指标、确切的量化描述进行呈现，而更多需要借助不断感知互动对象的感知方式，以调整自我的感知，运用相类似的互动情景中推动相互关系发生改进的经验，使互动双方的关系不断优化，最终实现互动的目的。比如，师生互动时，教师表达的信息往往不一定是学生获取的信息；而干部与一般教职工互动时，干部期望的往往不一定是教职工需求的。正所谓，学生眼里的"我"不是我以为的"我"，校长和其他干部眼里的"学校"不一定是学生和教师眼里的"学校"。

从这个意义上说，教师这个职业、学校这个组织是很容易产生"冰山效应"的。因为教室门一关，三尺讲台上，教师滔滔不绝时自我感觉良好，这看起来是很自然的事情，而教师的劳动又很难用常规的指标进行考量，因此，学校管理中的为了学生、为了教师，就很可能变成"一厢情愿"的事情了。

所有的根源都在于，教育的过程是离不开互动的过程，而互动双方的感知往往不一致。当我看不到"你眼里的我"时，冰山效应就会增强，风险也就随之而来——一旦教育变成"我的付出你不懂，我的辛苦你不需要"，学校里的问题就会层出不穷，校长疲于应对，而且似乎成效甚微。

因此，对于明智的学校管理者来说，如果希望学校的机制健康运行，那么他一定会想办法了解学校教育过程中实际发生、发展的状况，不会仅凭个人经验、感觉来判断，而是努力从个人视角以外的更多角度来尽量了解和掌握真实、全面的学校状况。

三、诊断是对学校的"健康体检"

为了尽量减弱冰山效应可能带来的危机，有效地规避学校管理风险，提升学校质量，世界范围内的学校管理者们都希望能用一些简单、实用的技巧，如学校评估，及时观察、跟踪学校发展过程，以发现努力行为与结果之间的联系，并据此提出改进计划。①

的确，评估原本应该是管理者的有效工具，但由于种种原因，传统的学校评估多以外部评估为主，常常呈现出行政性、一次性和终结性等特点，这不仅使评估无法承担帮助学校发现真问题的功能，而且由于"为评估而评估"，甚至引起数据造假等问题。传统的自上而下或者由外向内的评估活动由于其经常带来的"贴标签"功能，评价上的"价值判断"特性远远超过了客观、公正的评估过程的"工具与策略"性功能，反而给学校和师生徒增了很多负担，评价者和被评价者都陷入了无奈的尴尬境地。

正源于此，一些教育发达国家或地区于 20 世纪后半叶起开始倡导旨在客观评估学校表现(school performance)的学校自我评估(school self-evaluation)活动。这些活动与传统的学校评估最大的不同在于，其发起者是学校自身，其目的不仅是获得外部认证或贴标签，而且通过搜集、分析并运用来自学校各方面的信息，更好地发现学校自身的优势和问题，以实现下一步的目标。因此，这样的自我评估活动具有更为显著的诊断性质，我们更愿意称之为学校诊断。

从这个意义上看，学校诊断突破了传统外部评估的局限，本质上是由学校自身发起的，旨在实现学校改进的"元评估"过程。与外部评估不同，学校诊断结果均来自组织内部，反映了参与和公开的价值观念，所以，也就能更好地实现为学校决策提供全面、有效的信息，提升学校管理效益的功能。

实际上，20 世纪 80 年代以后，随着第四代评估理论的兴起，教育评估中开始更多强调"利益相关者的参与""响应式建构""协商与沟通""价值多元化"等思想②，学校诊断也随之凸显出其重要性。在一些发达国家和地区，如美国、英国、爱尔兰、冰岛等国家，它逐渐成为学校评估领域的主导活动，与学校外部评估并行，甚至取代外部评估成为学校的重要管理手段。我国的学校诊断虽起步较晚，但

① 褚宏启：《基于学校改进的学校自我评估》，载《教育发展研究》，2009(24)。
② Stufflebeam, D. L., Madaus, G. F. and Kellaghan, T., *Evaluation Models：Viewpoints on Educational and Human Services Evaluation*, New York, Kluwer Academic Publishers, 2000, pp. 33-83.

也已经有所发展。在香港地区，教育当局自 1997 年起就开始了相关研究和探索，推行以学校自评为主、校外评估为辅的多元评估方式。① 而内地率先提倡学校诊断的是季苹教授②，她从 2000 年前后开始进行学校诊断研究，主要关注适用于学校管理者自评的学校管理和学校文化诊断，为后续学校诊断的研究和实践打下了基础。

但是，总体而言，截至 21 世纪的第一个 10 年末，我国的学校诊断和自我评估仍旧呈现出内部需求不足、缺少主动性、仅作为接受督导评估的规定程序而被当作行政任务来完成等主要特点。与此同时，评估指标多围绕外部评估指标制订，尚未建立被广泛认可、具有一定可信度的评价标准及相应的评估指标体系。此外，自我评估活动的主体较为单一，主要由学校管理人员和个别骨干教师参与，缺乏广大教师、学生的有效参与，无法体现学校中更广泛的利益相关者——学校师生的主体作用。

最近 10 年，伴随着学校自主管理权扩大的呼声和趋势，学校开始重新审视诊断的价值，越来越多的学校开始积极探索对自身发展目标实现状况进行监控的有效机制。在这种背景下，学校诊断被认为是学校管理走向科学化的重要方式。

其实，这种性质和目的的评估活动在企业组织中早就不是新鲜事。很多现代企业早在半个多世纪以前就在全面质量管理（Total Quality Management，TQM）运动推动下开始了企业的自我评鉴活动。这类活动以以客户为核心、企业全员参与、全过程实施为根本特征，就像企业的"健康体检"一样，通过自觉、持续、周期性的全面、客观检查以了解企业发展、运行状况，并以此为据有的放矢地调整企业运行过程和管理策略，帮助其有效规避冰山效应可能带来的管理风险。

那么，"健康体检"对于学校这类特殊而重要的组织，价值又何在呢？

四、只有懂得追求健康，体检才能有意义

一如现代人类追求的健康生活方式那样，"健康体检"是人们关注并监控自身

---

① 香港特别行政区政府教育局：《表现指标及自评工具》，http：//www. edb. gov. hk/sc/sch-admin/sch-quality-assurance/performance-indicators/index. html，2014-06-10。

② 《学校管理自我诊断》课题组、季苹：《学校管理自我诊断（之一）：学校管理自我诊断的基本理念》，载《中小学管理》，2003（6）。

健康生活的开始，其前提是自身具有了"健康"的意识，希望通过有效方式和途径看见自己的健康状况，并尝试自我调控和管理身体的健康。所以，只有认可健康的价值、懂得追求健康时，健康体检才能有意义。

同样道理，只有首先认识到诊断对于学校发展的价值引领和行为促进作用，才能在学校改进和发展中用好诊断。

诊断从其专业属性来讲，是广义评价的一种。而任何一位学校管理者都明白一个道理：评价是学校管理中必不可少的手段和策略，正所谓"（学校）要什么就评（价）什么"。然而，很多学校管理者也发现，评价如果运用不当，就会变成"双刃剑"，评价实施者往往也会被"困"在评价的内容或指标中：很多学校想实施素质教育却深陷应试教育难以自拔；想促进教师专业发展，可但凡有教师评上特级教师后第一个反应就是找学校，要求"我不要上课"……究其根本，多半问题出在学校制定的内部评价指标过细、过多、过死上，导致评价内容僵化，教师不用发挥太多自主性和能动性，简单执行、照着做"不犯规"就行。这样一来，学校费尽心思制定的各项评价制度常常难以真正地激发教师的积极性，出现校长急、干部辛苦（有时干部也"不动"）、教师却一副"事不关己"的状态，就不足为奇了。

如何发挥评价在学校的积极作用，并逐渐从内部评价办法制定到学校诊断文化建设过渡，从自醒到自主，是现代学校制度建设的基本历程。在这一历程中，我们必须牢牢把握一点：无论什么形式或手段的学校自我评估或诊断，其根本目的都在于价值引领，而不是直接追求效果管理。否则，"龙头"演化为"双刃剑"就是迟早的事情。

评价是"龙头"的道理似乎人人都懂，但是，"龙头"却为何常常演化为"双刃剑"呢？其实，从这两个形象的比喻中，我们就能发现基本奥秘：龙头是龙身的方向盘、领航器，舞龙时，龙头的变化引领着庞大龙身的一静一动、一行一止。如果龙头活灵活现，那么龙身就舞动翻飞、腾挪跳跃；如果龙头偃旗息鼓，那么龙身就静蛰收拢、声消影灭。也就是说，龙头活，龙身活；龙头歇，龙身死。而双刃剑则不一样了，单刃为刀、双刃为剑，如镜如虹，伤人时也可能伤己，从来就具有两面性的特性。因此，是在领航中体现对整体的带动作用，还是在博技中隐含双杀性，这就非常生动地说明了评价本身应该具有的生态特征：引领而非消极规避，促进而非简单限定。

然而，学校管理者们通常首先意识到评价可能会产生的"效果"，因此，常常会在评价内容上不遗余力地研究并使用。现实中常能听到学校管理者们的津津乐道："我们的学校/教师内部评价指标经过了很多轮的完善，现在已经有了××则××条，涵盖了学校管理的各个过程，非常丰富了。"岂不知，每日每时都在不断生成的教育教学过程，又怎么可能是任何一个现成既定的指标框架能够全部预见的呢？而且，更值得注意的是，这样的指标框架但凡失了度，就会出现"管人"的逻辑，而试图用条条框框"绑住"教育教学过程中生动活泼的"人"，从学理上本身就是一种妄想。因此，实践中管理者们不得不"按下葫芦起了瓢"地应付师生对评价指标不公平、不公正、不完善的指责。而与这种投注大量精力在评价具体指标和内容制订中的情况形成很大反差的是，在全体教职工或者全校师生达成共识的活动或工作中，学校却很少思考、设计并实施一些重要理念。

读到此处的学校管理者可以追问自己一个问题：过去一年或三年里，学校有没有达成全体共识的重要理念在大家的行动中集体落实？或者说，学校里有没有什么重要的理念、价值观是过去一年或三年里，全校教职工都耳熟能详，而且自觉共同实践的？

也许，对于这个问题，学校管理者会茫然或者会发现，在这方面您自己的想法和教师们的认识大相径庭……

其实，这里的一个关键价值缺失就是：在看到评价内容对学校行为和过程的约束及规范作用的同时，其实忽略了评价标准应该起到对学校办学方向的引领和对办学目标共识的凝聚作用，显然后者才是学校评价和诊断更为重要和关键性的价值。也就是说，当过分专注于"评"的细致内容时，可能会一叶障目，反而忽略了评价标准应该有的重大引领作用。那么，"龙头"变"双刃剑"就不难想象了。

简言之，要想在学校中更好地发挥评价的作用，更应着重于评价标准的确立，尤其是对其的共识过程，而不只是着重于自上而下的评价内容和指标的制订。相对于学校评价内容的各个细项和五花八门的分值算法，评价的标准一定是更为凝练、简洁的，更能体现出学校的核心价值观和特质。比如，与其埋头花费大量心力琢磨教师绩效评定的各个加分、减分项，不如抬起头来思考一下学校要的好教师的标准究竟是哪几条；与其精打细算年底先进的名额如何切分、指标如何表述，不如胸怀丘壑地引领大家确立学校究竟要培养怎样的人以及如何培养人的关键环节……显然，相对于评价内容，这些评价的标准一定是宜粗不宜细的。更关键的是，这些学校评价的标准不是写在墙上、挂在嘴上的，而一定是要通过诊断过程的落实切实体现在学校的日常教育教学过程中，内化为全校干部和教职工的行为准则、行动方向的。

只有这样，沿着共识的标准持续进行学校诊断，对照标准不断进行行为调整，才能最终推动学校的改进和发展。

五、建立与学校发展阶段相适应的诊断

要实现上述学校评价和诊断的价值引领非一日之功，需要结合学校发展阶段的实际情况，随着阶段性需求的实现和突破，不断让学校的自我评价机制建设更新换代，实现从初级的内部规范性评价，到以诊促改、用诊断文化建设促进学校可持续发展的高阶境界。

学校诊断的根本出发点是学校基于发展的内需，对学校运行状况进行自我评估，以判断学校努力过程与实际结果之间的差异，从教育互动关系中对方的眼里看见自己，通过对方的视角对自己的行为进行检查，从而了解和把握组织的健康状况。可以说，对于任何发展阶段的学校，这样的诊断都是需要的，因为所有的学校管理者都需要了解学校的真实运行状况。

一个处于初建时期的学校，哪怕由于各种原因或条件限制，暂时还不能开足开齐课程，但是由于初建时期的价值引领、是非观树立对于学校未来的发展特别重要，因此，这个时期学校的管理者更应格外关注学校倡导的价值和理念是否正成为每个初创者的行为指南，这也正是该阶段学校诊断的重点。

这个时期的学校诊断形式或手段不用特别复杂，过程也会比较简单：管理者通过不断走进师生中间、走进课堂，认真观察，仔细倾听等非正式沟通，基本就能实现这个时期诊断应实现的功能。因为这个时期，学校规模多半不会太大，人员构成也不复杂，凭管理者的视角基本就能覆盖诊断的范围。

度过了初建时期，学校往往会进入一个时间比较长的建设发展期。这一阶段多

是学校评价起步的自醒阶段，这个阶段的学校有种"百业待兴"的感觉，一切规范和规则还比较欠缺，这时，一些内部评价办法的树立，能够有效地规范学校的基本管理过程和教育教学行为。很多学校尝试的自我评价制度建设也往往是在这个阶段开始的。比如，学校的学生基本行为守则、教师教学规范和要求、德育管理的标准、干部行为条例，甚至评教评学的内容和指标等，都是这个阶段会涉及且对促进学校发展很有帮助的内容。一般情况下，这个阶段会持续相当长的一段时间，甚至可以说，现在大多数学校仍然停留在这个阶段，根本原因就在于上文提及的过分重视了评价内容和指标的不断细化，却忽略了评价标准的引领和方向性作用。其实，随着办学规范化水平和教师素质的不断提高，简单的、自上而下的评价办法已经不再能适应学校发展的需求了，不少学校需要在育人的根本性问题上进行更为有效的自我评估和诊断。

这时，有部分学校会尝试着开展关于学生学业与综合素质发展的学校自我评估和诊断。

这个阶段学校管理各方面的规范已经基本建立，学校教职工在对这些规范和要求坚持执行的基础上形成了一些准则和约束，具有了一定的行为自觉性，学校发展也走上了正轨，越来越多地把精力投入与学生发展相关的核心业务上。这个时候，学校往往会觉得单独依靠区域统考来掌握和了解学生的发展状况是不够的，就会寻找各种用以把握学生学业发展状况的过程性评估方法，甚至寻求相关专业机构的支持，对学生的学业发展状况进行及时的评估和诊断。

这个阶段比较典型的做法是，学校会努力用好区域统考和学校自身阶段性诊断考试的数据等信息，并通过对优秀率、合格率、平均分等基本状况的分析，对学生的学业状况进行不断的评估，有的学校甚至会把这些诊断考试的结果与对教师的评价挂钩。近几年，随着新中考、新高考制度的推行，越来越多的社会资金注入教育市场，培植了一批具有大数据处理和分析能力的社会机构，因此学校能越来越方便地寻找到做数据分析的机构帮助自己对全校学生的考试数据进行诊断性分析和积累，"诊断性考试"和"考试诊断"开始进入越来越多学校的视野中，成为学校自我评估和诊断尝试的开始。

尤其是新高考"两依据一参考"制度的提出，使得学校对学生发展的自我诊断不仅在学业成绩方面进行了系统尝试，而且也围绕学生综合素质评价方面开始了探索。更可喜的是，这种着眼于学生发展的学业诊断和综合素质评价的自我诊断积累，已经开始让传统的、旨在"管理"教职工的学校内部的各种评价办法向学校诊断转化，评价的标签性和高利害性功能有了一定的淡化。而且，也正是通过这个阶段的培训和学习，学校的一些教职工有了读数据的意识和能力，学校管理过程正从完全的经验性和主观性，开始向基于证据的决策转化。

这时，走向涵盖了学校管理全过程的、基于学生发展的学校诊断阶段，对一些学校来说就成为了可能。

这个阶段的学校大多已经经过上述各阶段的摸索和尝试，一些主要干部和骨干教师具有了读数据的意识和能力，也感觉或认识到了基于实证的学校管理和决策会大大降低管理的风险；当然也有另外一种状况，学校干部和教师还只是刚刚尝到前一阶段中基于实证的学生成绩管理和分析的甜头，使用数据的经验还比较欠缺。但是，这两种学校状况中更为重要的是，无论校长本人，还是教师主体，都具有强烈的促进学校进一步发展的内在需求和愿望，更为关键的是，这样的内在需求和愿望是真正指向为师生服务、实现学校育人价值提升的。

学校一旦进入基于学生发展的全面自我诊断阶段，其评价机制建设将从最初"自醒"的内部评价办法建立，发展到以诊促改的全面"自主"诊断时期，这一时期的学校诊断将真正回归育人的本体。也只有进入这个阶段，学校发展才会真正从诊断中借力，评价的龙头作用也才会在这一阶段进入全新的境界。

六、提升自主决策力和发展力的学校诊断

每个学校都是独一无二的，每个学校也都有自己的发展过程，具有自己特属发展阶段的特征和状况。学校评价机制建设进入自主诊断阶段的学校，也许从学校的历史传承、地域文化影响以及办学思想等方面来看不尽相同，但是，它们一定具有一个共同的特质表现：学校具有真正的内需的发展愿望。

正是这种强烈而清晰的发展内驱力，推动学校有意识地进行自我评估和诊断，从而不断提升学校的自主决策力，支撑学校行进在自我管理和自主发展的进

程中。

　　学校组织从其社会属性而言，是一种社会公共组织，要实现社会价值观传承和人类知识传递的功能。在这种属性背景下，学校发展初期阶段首先要解决的问题自然是学校组织按照社会期望和要求正常、规范地运行，这个时期的学校发展具有"他律"的特征。用社会约定俗成的说法，这个时期的学校首先要完成的是开门办学、安全运行。但是，显而易见，这样的发展目标是非常基础的，当然也是基本、初级的。当达成了这个目标后，不少学校都会思考如何在此基础上实现进一步的发展，而只有当发展驱动从"他律"走向"内驱"，学校才会开始真正思考如何在已有发展基础上实现更好、更长效的可持续发展——从这里开始，学校走向全面优质和追求卓越的历程。

　　需要特别说明的是，所谓走向全面优质、追求卓越的学校并不是指各方面物质条件优越或办学基础雄厚的学校，而是指发展的愿望由外在社会期望和规范要求走向真正内驱的学校。换句话说，一旦学校具有了清晰而强烈的发展内需，即便此时由于各种原因或条件限制，它也会主动地进行问题排查、困难梳理，从而找到循序渐进的解决方案，最终在一步步的调整和改进中实现增效和进步。

　　所以说，区分学校发展阶段的指标并不是有多少高端的基础建设或设施设备，不是师生的规模和数量，也不是有多少社会赋予的荣誉、称号或各类"标签"——这些都只是学校发展的"过往"。只有具备了真正发展内需的学校，才会不断激发学校发展的内驱力，通过主动而有意识的学校自我评估和诊断，明晰学校发展的问题和困难以及亮点和优势：不断思考学校发展的真问题，追求不同阶段自我评估与诊断的与时俱进，现时的发展需要解决什么就诊断什么，然后在问题的破解中实现进步。通过不断的自主决策逐步实现自主管理和自我发展，此时，全面优质和追求卓越的特性就被植入到了学校的文化中。

　　实际上，比利时简·范霍夫（Jan Vanhoof）等人的研究团队已经证实，学校决策力与其自我评估有效性之间存在着正相关关系。① 我们多年与一线学校的实践研究

---

① Vanhoof, J., Van Petegem, P., Verhoeven, J. C., et al., "Linking the Policy Making Capacities of Schools and the Quality of School Self-evaluations: The View of School Leaders," Educational Management Administration & Leadership, 2009(5), pp. 667-686.

经验也显示，决策力越强的学校，其自我评估的实施效果也越好，而良好的自我评估的实施效果也会反过来促进学校决策力的提升。（见图1-3）

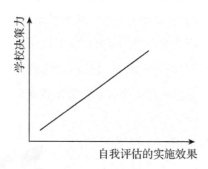

图1-3 有效的学校自我评估机制能够产生良好的自我评估的实施效果，
促进学校决策力的提升

一旦学校走上了自我管理、自主决策与内驱发展之路，诊断文化就会成为学校文化的特质，学校发展也就逐渐走上了可持续发展之路。

下面，我们仅举几例我们的项目学校对其学校诊断标识的设计和释义，以供各位读者感知一下，学校的发展内需力如何与学校的诊断和发展意识相连，而远不仅限于学校的物质、条件、传统的社会评价结果。

图1-4体现的是一所具有百余年历史的老校在学校新的发展阶段借助诊断建设学校诊断文化的信念。整个标识设计中，"诊"字的左半边化形为一个大大的听诊器（听诊器下方的图标是学校的标识），寓意通过诊断为学校听诊、把脉；同时，整个标识的中央是一个"人"字，寓意学校诊断关注的是学校里的人。

图1-4 北京市第一六六　　　　**图1-5 首都师范大学附属育新**
中学学校诊断标识　　　　　　　　**学校学校诊断标识**

图1-5是一所建校二十余年的年轻学校为学校诊断设计的标识。学校以繁体行书的"诊"字为基础，突出了学校注重传统文化的特点，并表达了期望诊断的过程顺畅连贯、行云流水；同时，把学校的校徽幻化为点和横，整个标识也采用了学校特有的黄色和绿色，强调了这是专属的学校诊断的标识；"诊"字下面的三撇由不断上升的台阶组成，寓意诊断促进了学生、教师和学校的发展；更加突出的是台阶上大大的"人"字，表示学校的诊断以人为本。

图1-6则是一所传统薄弱校在转型过程中借助学校诊断不断增强信心、提升改进力后对诊断的表达和理解。"诊"字左半部分的竹子造型，代表学校通过诊断节节高；"诊"字右边上半部分是学校名字的缩写，代表北京十一实验中学；"断"字左半边化作三个人，代表学校诊断始终以教师、学生、职员等学校里的人为中心；"断"字右半边化作加油努力的造型，既是决心，也是希望，代表大家一起努力把北京十一实验中学的诊断做好，实现诊断文化的落地。

**图1-6　北京十一实验中学
学校诊断标识**

通过以上三例学校自身对学校诊断的标识设计，我们可以看出，学校诊断对所适用的学校并没有校史长短、学校社会声誉好坏等外在条件方面的选择或限制，只要学校内部具有发展中辨识自身优劣势、明晰策略途径的明确需求，学校诊断或自我评估都将成为推动学校增效的有效工具和办法。

更为重要的是，每个学校都强调了诊断对学校中"人"的关注和重视。这里其实蕴含着学校发展的根本价值，也深刻体现了学校诊断应该为学校发展服务的根本轨道。

对于所有有愿望开展学校诊断的学校，我们设定了一个共同的目标愿景：与时俱进，将学校建设为学生快乐成长、有效学习，教师幸福工作的地方。我们将如何理解这一愿景呢？

其实，关于学校功能的描述有很多种，每一种定义的背后都毫无疑问地会反映出鲜明的学校教育价值观。当新一轮以"新常态"的高考改革为推动器的课程改革到来时，旗帜鲜明地提出关于学校的目标愿景，实为顺势而生。长期以来，被单纯的管理异化的学校其实一直渴望这样的导向，回归学校教育为了人的全面且有个性的发展而服务的本真，关注学生、教师作为人而非分数或各种指标的承载体，关注师生校园生活的全面质量，原本才是学校一切发展的根本目标。在这一愿景的描述性定义中，有三个关键词集中体现了如何关注"人"以及"人"在学校的生活质量。

第一，是"快乐成长"。"教育即生长"的提法由来已久，但是，众所周知，我国的基础教育长久以来其实被"教育即成才"所压抑。当追求的教育质量是远远高于、大于学习成绩和学业成就，而包含了学生身心健康、未来适应力和发展力等的全面质量时，关注学生的快乐成长不仅会成为可能，而且必然是学生作为"人"本体下生命意义的首要追求。

第二，是"有效学习"。无论时代如何变迁，技术如何改变生活，只要学校这个场所还有存在的价值，其首要的社会性就一定还是服务于学生的学习。在个体有限的生命历程中，在其思维、认知和身体素质的发育黄金期，以人类语言和文字为载体，实现人类知识和经验的有效传承，是人类区别于其他动物物种的根本所在，也是学校诞生和存在的本源。因此，紧密结合时代的演变对人类学习方式和效率的挑战，寻找与时俱进的、帮助学生有效学习的方式和途径，永远是学校的核心使命。最显而易见的例子，十多年前，教师靠一支粉笔、一本教材"行走天下"的历史已经一去不复返了；现在的中小学教师，常常要面对的情形是如何让课前已经对本堂课内容"有所耳闻"的学生仍然能够积极参与课堂、深入思考。忽视网络资源、忽视校外教育的冲击、忽视作为信息时代"原住民"的年轻学生的学习方式对传统学习方式的冲击的教师，今天已经注定不可能成为优秀教师了。今天的学校，只有研究、面对这些真实问题，才能继续履行"传道、授业、解惑"的基本职责。"越来越多的学生到学校不是为了学习"确实不是夸大其词，学校势必在这种形势下奋起直追。

第三，是"幸福工作"。学生既是学校的服务对象，也是学校的"产品"。教师则是这个组织中重要的"生产者"，工作是教师在学校这个组织中的基本状态，而幸福工作是组织有效性的重要体现，也是学校一定要关注的核心问题。当然，育人的工作由于其生成性，教学相长是其最佳状态，但是，关注教师在这个过程中的幸福感受是学校管理真正以人为本的基本体现。教师作为学校可持续发展的核心竞争力，其工作状态、工作中的体验和工作生活质量一定是学校管理要始终关注的核心问题。

由上述关键词构成的学校目标愿景，既为学校诊断指明了始终的方向，也标识了其主要内容的构成。在这一愿景中，"人"在学校的状态、感受和生活质量将凸显出来。学校管理回归为人服务的本真。

第二章　诊断什么

用什么样的逻辑和思路来看学校管理的构成，取决于从怎样的视角来理解和看待学校管理：与行政管理"对接"，或者，为学生发展、教师成长服务？

这也是学校管理者们常常容易"忽视"或"忘了"的根本性问题：为了学校，还是，为了学生？

对这两个问题的不同回答，会很大程度决定学校领导者所能感受和实现的学校自主发展空间。

同时，也会决定我们为学校的管理和运转诊断哪些内容。

【学校诊断要"诊"什么】
评估指标紧扣与学生发展密切相关的学校要素
寻找学校诊断的核心要素与观测点
发现学校诊断的项目
确定学校诊断的视角

　　如果我们认可了学校诊断好比学校的健康体检，直接目的就是帮助管理者了解、掌握学校运行的真实状况，规避管理风险，促进学校自我发现、自我调整、自我改进与发展的话，那么，下一步就应该为"体检"确定指标(如心肺功能、消化功能、内分泌功能、血和尿的表现指标)，准备工具(如血或尿的化验机器、各类 B 超仪、心电图仪、X 光机)，并通过一系列有针对性的体检项目(如内、外科的一般检查，视力检查，一般性抽血检查或专项性血检，各内脏的 B 超检查)，列出可参考的健康标准(如 6～12 岁男孩正常的身高、体重、体脂率范围值)等，这样才能顺利完成体检，进行健康状况的自我检视。

一、评估指标紧扣与学生发展密切相关的学校要素

　　我们本着"他山之石，可以攻玉"的策略，通过对国内外相关领域最新研究和实践进展的跟踪性分析，先来看看国际上发达国家和地区的学校自我评估的做法、发展现状与趋势，看看有哪些值得我们重视的规律和经验。

　　20 世纪 70 年代，出于对当时经济危机的回应以及对公共福利支出增加的担忧，新公共管理运动(New Public Management，NPM)在众多发达国家和发展中国家兴起，重新定义了政府与企业或公共服务机构间的关系——政府承担更多监督和掌舵的功能，而机构则更多遵循市场规律进行竞争。于是，全球范围内越发激烈的竞争促进了人们对专业管理方法的重视，欧美一些企业中兴起了对企业"质量管理实践"评审的研究，并在此基础上提出了描述全面质量管理(Total Quality Management，TQM)的理念与模型。

　　它的出现推动了企业为不断提高竞争力、实现持续改进而开展的自我评审活动。经过 20 多年的实践，企业自评的理论和方法不断完善，引起了国际质量学界和企业界的广泛关注，这一理论和实践也极大地影响到了教育的发展。为了提升教育质量，企业界的许多做法开始被引进到教育领域，国际上的学校自我评估就是在

这一背景下产生的。①

　　以最早开展学校自我评估的英国为例，20世纪70年代，英国开发出学校自我评估的工具，到90年代中期，由于英国地方教育当局形成了各自的评估方法，其学校自我评估更是得到迅速的发展。90年代末，英国负责监督学校的政府机构——教育标准局（the Office for Standards in Education, Ofsted）鼓励各地采取更为一致的学校自我评估方法。自2005年英国教育标准局发布《与学校的新关系》这一文件以来，英国又开始对自己的学校自我评估进行反思，认为统一的学校外部评估框架降低了学校领导者和教师在自我评估过程中的主体性，并可能会减弱对学生学习和教学过程的关注，提出学校自我评估的重要意义在于运用对学校发展有利的自我批判、质疑及其结论来为决策提供信息，使学校的现状得到改善，以更好地实现学校全面质量的提升、学生利益的体现。②

　　从各国学校自我评估的实践来看，新加坡学校中使用的"学校卓越模式"（School Excellence Model, SEM）可作为从企业界的全面质量管理模型演变而来的典型案例。新加坡于2000年开始实施学校综合质量管理制度，与以前的学校评估相比，这次最重要的变化就是借鉴企业界的做法，引入SEM这一自我诊断工具。SEM与学校质量评估相一致，致力于提供一种客观鉴定和测量学校优势及不足的方法，其核心价值观是强调学校领导的目的性，把学生放在首位，把教师看作形成高质量学校教育的关键因素。SEM强调以学生为中心的学校运作对学校持续发展的重要性，鼓励可以积极地影响到学校整体质量提升的学校改进活动的开展。而且，SEM强调学校的成果不能仅仅局限于学生的成绩，在SEM中，学生的优异成果表现不能只是一次性的，而应该满足学校教育目标，在数年中持续发展，并表现出积极的发展趋势。③ SEM中，9项质量标准中有3项（学校领导、以学生为中心

① Ritchie, R., "School Self-Evaluation," in *Dilemmas of Engagement: Evaluation and the New Public Management*, ed. Kushner, S., Stake, R., Bradford, Emerald Group Publishing Limited, 2007, pp. 1-16.

② Ritchie, R., "School Self-Evaluation," in *Dilemmas of Engagement: Evaluation and the New Public Management*, ed. Kushner, S., Stake, R., Bradford, Emerald Group Publishing Limited, 2007, pp. 85-101.

③ Pak Tee, Ng., "The Singapore School and the School Excellence Model," *Educational Research for Policy and Practice*, 2003(1), pp. 27-39.

的学校进程、学校关键表现结果）都明确地指明了学生的中心地位。SEM 基本上把卓越学校的发展过程描述为学校领导带领员工制订学校发展策略、部署资源，而所有的部署都是以学生为中心的系统发展过程，学校的目标制订、教学监测和管理都以学生为中心来设计。①

从具体的评估要素上看，以具体项目为例，英国教育评估专家约翰·麦克贝斯（John MacBeath）在 1988 年至 2005 年实施了 8 个大型学校自我评估项目，覆盖欧洲、亚洲、非洲的 240 余所中小学校，涉及 41 个指标。②③④ 根据所测的具体内容，我们可以将其指标分为以下 8 类。①文化与目标，对学校教育理念和目标的定位与认同感。②课程与教学，在教室层面的学与教。③资源与支持，学校为学生和教师提供的资源和支持。④关系，师生关系、同伴关系、教职工之间的关系。⑤结果，学业成绩、个性和社会性发展。⑥学校氛围，教师和学生的士气、学校安全与秩序、纪律氛围。⑦组织与领导，有效的组织管理和学校领导力。⑧对外联系，学校与家庭、社区的联系与合作。

此外，约翰·麦克贝斯作为我国香港教育署的学校自我评估和督查顾问，深入参与了香港自 1997 年开始推行的质素保证视学，其基本理念是建立校本管理精神指导下的以自评为主、校外评价为辅的多元评估方式。香港教育当局会发布学校表现指标及评量工具以支持学校开展自我评估。以 2016—2017 学年的表现指标为例，分为以下 4 个范畴。①管理与组织，学校管理与专业领导。②学与教，课程和评估、学生学习和教学。③校风及学生支援，学生支援与学校伙伴。④学生表现，态度和行为、参与和成就。⑤

① Huang, J., Tang, Y., He, W., et al., "Singapore's School Excellence Model and Student Learning: Evidence from PISA 2012 and TALIS 2013," Asia Pacific Journal of Education, 2019(1), pp. 96-112.

② MacBeath, J., Schools Must Speak for Themselves: The Case for School Self-evaluation, London, Routledge, 1999, p. 26.

③ Jakonbsen, L., MacBeath, J., Meuret, D., et al., Self-evaluation in European Schools: A Story of Change, London, Routledge, 2004, p. 97.

④ MacBeath, J. and Mcglynn, A., Self-evaluation: What's in It for Schools, London, Routledge, 2002, p. 5.

⑤ 香港特别行政区政府教育局：《表现指标及自评工具》，https://www.edb.gov.hk/sc/sch-admin/sch-quality-assurance/performance-indicators/kpm/index.html，2019-07-29.

以学校自我评估为主要的教育质量保障手段的芬兰，其教育与文化部颁布的学校质量标准涉及 10 个方面，除组织结构和管理的质量、人员、经济资源和评估外，其他 7 个领域均与学生有关，包括课程实施、教学和教学安排、对学习的支持、成长和福祉、包容和影响、家校合作以及学习环境中的安全。[①]

我国教育部基础教育质量监测中心曾对美国、英国、日本、新加坡、欧盟及我国香港和台湾等国家或地区的 11 个被广泛认可的学校评估方案的指标进行了频次分类，依次得到学生取得的成就，对学生的支持程度，学校领导和管理得如何，学校、家庭与社区的合作关系，教与学，教育资源 6 个维度。[②]

从以上分析不难看出，关系、课程与教学、资源与支持、组织与领导、学校氛围与学校文化、学生发展结果、学校与家庭和社区的联系是具有优质教育的发达国家和地区进行学校自我评估或诊断时的基本要素。

从对国际上学校自我评估发展脉络的分析中可以发现，学校自我评估是在企业界提高组织管理质量、追求卓越组织的影响下产生的，注重从组织内部变革和注重发展所有权是其基本的价值假设[③]，而这正是学校诊断的基本要义，所以，可以说，学校诊断与学校自我评估在很多语义背景下是可以通用的两个概念提法。也正是在这种价值假设的前提下，学校诊断实现了学校评估由过去的外部评估转为学校自我审视，从关注终结性评估转向重视形成性评估，学校在自我诊断过程中围绕师生关系、同伴关系、课程、教学、资源与支持等与学生发展紧密相关的要素，通过不断地自我检查、分析、反思来获得提高。

二、寻找学校诊断的核心要素与观测点

参照上述国际上的相关经验，同时依据布朗芬·布伦纳（Bronfen Brenner）个体

---

① Eurydice, European Commission EACEA, "Assuring Quality in Education: Policies and Approaches to School Evaluation in Europe," Luxembourg, Publications Office of the European Union, 2015.

② 教育部基础教育质量监测中心：《如何开展中小学校督导评估》，158 页，北京，教育科学出版社，2013。

③ Kyriakides, L. and Campbell, R. J., "School Self-evaluation and School Improvement: A Critique of Values and Procedures," Studies In Educational Evaluation, 2004(1), pp. 23-36.

发展生态系统论的基本原理，即以学生为核心，在学校这个独特情境下，从微观到中观，由近及远，逐步寻找影响学生发展的核心要素。更重要的是，结合我国国情和中小学校现阶段发展的实际状况，同时得益于多年扎根数所普通中学的实践研究，我们提出，我国现阶段基于学生发展的学校诊断应从以下五个侧面、八个核心要素上展开。

（一）第一个侧面是与学生密切相关的"关系"

个体的生命质量其实是个体生活中各种社会关系的总和。同伴和教师，作为学生在学校中最经常接触的两类群体，其与学生的关系质量几乎决定了学生学校生活的全部。尤其在强调集体主义、团结精神的东方文化背景下，同伴关系、师生关系对学生各方面发展都具有无法忽视的作用。

核心要素一：同伴。大量相关研究和实际经验表明，同伴是青少年学校生活中最有力的支持来源，有着无可比拟的重要地位。其中，同伴之间是否友好相处、互相支持，或是否存在同伴孤立、没有朋友的现象，以及有无同伴群体的归属感和向心力是影响同伴关系好坏最为显著的因素。因此，学校诊断时，同伴要素下的重要观测点应包括个体友谊质量和同伴群体凝聚力等，以判断学校是否存在着对学生有帮助、激励、正向引导作用的同伴关系和同伴群体。

核心要素二：教师。教师永远是学校中离学生最近的成人，他们对学生的影响永远是学校发展中最值得考量的因素。教师能否做到关注每个学生的全面成长，并对每个学生体现出平等的关注和支持，以及师生关系是否和谐、愉快，学生对教师的可信赖程度等，都是学校诊断中判断教师要素状况的重要维度，以此了解学校的教师能否做到陪伴学生快乐成长，帮助学生有效学习。同时，学校中的教师对于学生而言，既是一个合成的教师总群体，更是一个个在日常学习与生活中接触的具体教师个体，因此，学校诊断中，既要注意定期考察教师与学生的整体关系状况，又要注意通过学生的视角诊断每一位任课教师、班主任、导师等不同教师与学生的真实互动关系，从而帮助教师个体"看见"学生眼中的自己，有针对性地调整自己的教育教学行为，让教师从教过程中的幸福感落地。

（二）第二个侧面是课程与教学

随着国家课程改革的不断推进，课程"千校一面"的状况逐渐得到不同程度的改善，各校在对国家课程的落实、二次开发、创新实践的过程中，也在改变课程的实施，而课程实施最直接的体现就是教学。设计的课程和实施的课程，这一静一动的课程复合体，就是学生在学校中的"粮食"。以教育教学为核心业务的学校组织，最为关注、最有显见度的被诊断侧面应该就是课程与教学了。

核心要素三：课程。很多学校管理者都意识到，课程是学校的核心竞争力。课程设计与实施的目标是否清晰一致，课程是否适合学生，课程的内容和种类能否满足学生的需要，是否有学生能够安排和有效利用的自主学习时间等，都是以课程助力学生成长中最为关键的维度。

核心要素四：教学。教学是课程实施、表现的核心环节，课程的目标、内容都通过教学得以实现。有效的教学绝不仅仅是知识的简单传授，更加重要的是对学生能力的培养。因此，教学中是否注重培养学生的独立思考能力和自主学习能力，是否促进这些能力的发展，是否强调教学与学习中的同伴互助，以及是否能够有效地根据学生的学习效果反馈进行教学的适应性调整，都是学校诊断中对教学要素的重要关注点，以考察学校教师的教学能否激发学生学习的内动力。

值得特别注意的是，教学要素的诊断应该是所有学校最熟悉、最喜闻乐见的，但恰恰也是最容易出现偏差的。因为教学是学校中最核心的业务，对教学要素的诊断导向最能体现学校诊断的价值导向，也最能体现学校的办学理念和育人目标，还能最为真实地体现学校所处的发展阶段。因此，对教学要素的诊断一定会成为学校诊断的重点、热点，其实也是真正的难点。一旦这里的导向出了偏差，整个学校诊断能否为学校育人目标落地提供保障就很难说了。而这也恰恰是很多传统学校非常苦恼的一个实际问题的根由：为什么学校师生觉得学校说一套做一套、不实事求是，因而也认为学校的某些校训和理念不可信、不可靠呢？关键就在于，学校在对教学进行内部评价或自我评估的时候，立足的导向、采用的指标与这些校训和理念的提法，或南辕北辙，或"两张皮"，而正是这些对教学要素进行内部评价或自我评估的指标才是真正指引教师路径的方向盘、风向标。因此，从这个角度看，学校教学要素诊断的指标和内容应该是最"与校俱进"的,它们最能体现每个发展阶段学校的教育教学主张和理念。

(三)第三个侧面是资源与支持

即便是传统的学校评估,通常也要对学校资源与条件进行评估,但是,硬件的资源与条件只有真正转化为便利、实用的软性资源与支持时,对师生的发展才具有真实意义。因此,学校诊断的过程中,应该重点关注学校资源是否能够为学生、教师经常使用,对其学习和生活是否有帮助,是否提高了其在校生活质量和丰富度等。而且,学校能否创造条件让师生"走出去",同时"请进来"优质的社会资源为师生发展提供支持,也是学校诊断的重要视角。

核心要素五:资源。资源要素的诊断应涉及学校多方面的资源,包括体育设施和器材、图书资源、实验设备、食堂、专业教室等物质资源,以及对学生开阔眼界、培养能力产生影响的活动资源、社会资源等软性资源。通过对资源的使用情况、服务质量等进行诊断分析,了解学校的各类资源能否为学生成长、学习和教师工作提供有效支持。

(四)第四个侧面是组织与领导

学校诊断的最直接目的是进行学校组织与管理的改进,为学校领导决策服务,因此有些内容的诊断直接指向学校的管理;但是,如果管理诊断的步伐止于管理环节改善的话,那么可能导致一个被管理流程异化的结果。只有当学校的组织结构及其运行、组织决策方式和渠道都能以服务师生为导向,为师生发展提供更加畅通、民主、有效的条件时,学校的组织与领导才可以说真正实现了以人为本。

核心要素六:组织与领导。由于基于学生发展的学校诊断其功能上首先是学校的管理诊断,因此,组织与领导要素下会有众多的可观测点。但是,该要素下的所有观测点都旨在了解学校是否具有服务于学生快乐成长、有效学习和教师幸福工作的管理和运行机制。除了一般性、可通用的师生是否能认识、感知到校长的领导力,有问题知道找谁及怎么找,师生表达意见的渠道是否畅通等观测点以外,由于每所学校都具有不同的管理运行特点,因此,一方面还可从校长领导力、教学过程管理与教学支持、学校组织氛围等方面了解学校整体组织运行状况，另一方面还可深入到职能处室、年级、学科等各个重要组织单元，了解组织单元内部真实的领导与管理状况。值得说明的是，随着学校的不断进步，学校领导力将逐渐从校长一个人的领导力发展为管理团队的领导力、学校教师生活与工作所依托的若干小组织的领导力，及至每个教师都具有的教学与课程领导力。因此，随着学校发展进入不同的阶段，对各组织的组织与领导状况进行各有侧重的诊断，以引领学校组织的不断优化，将是学校诊断的有效着力点。

（五）第五个侧面是氛围与文化

学校氛围与文化诊断是学校诊断中一个不可忽视的、深层的、相对隐性的侧面，尤其对于追求优质与卓越的学校，在度过了学校建设与发展初期办学价值与理念达成的阶段后，课程与教学、资源与支持、关系等的实质体现都在一定程度上依附于学校中的组织文化，并通过组织氛围传达。此外，虽然西方发达国家的学校诊断中一般都会涉及学校氛围指标，但是，从我们多次的访谈、调研和多年追踪研究中发现，在中国文化背景下，"学校一般氛围"与"学校文化"很难区分。而从学生角度出发，在氛围与文化这一侧面上，除了师生的学校认同感和归属感、学生感知到的外界对学校的认同及优越性比较外，学校及班级秩序、校内外欺负行为也是对学生影响较大且频繁被学生提及的内容。

核心要素七：文化。文化要素可能是较为内隐、不易被测量和评估的，但同时，文化广泛地渗透在学校的方方面面。一所学校如果没有师生共同认可的文化，就很难让师生产生归属感。基于组织文化的特性，在这一要素下，学校诊断应主要关注学校是否具有师生高度认同的学校文化，并是否保持始终、持续的文化建设过程，以及师生对学校文化落地实施的效果感知。

核心要素八：安全。从氛围与文化侧面进行观测的安全要素，除了师生感受到的校园安全氛围、校园周边安全外，还应特别关注会对学生产生显著而深刻影响的同伴欺负、校园暴力等因素。由于不安全感而产生的恐惧、焦虑等情绪也会使得学生无法专心投入学校的学习和生活中，所以，超越一般显性的安全事故中所指的"安全"，学校诊断应从师生感知到的校园安全、校园周边安全、同伴欺负等角度，了解学校是否营造了让师生感到安全的心理环境和氛围。

自此，综合上述五个侧面、八个核心要素的框架，我们扎根于多所普通中学进行多年研究与实践后逐渐形成了基于学生发展的学校诊断八要素示意图。（见图2-1）

这张示意图由于形似太阳，被我们和项目学校的教师们称为"太阳图"。图中央是"学生发展"，从右上角时钟位置的一点钟开始，顺时针方向，依次为学生在学校生活中接触多、所受影响也大的同伴、教师、课程、教学、资源、组织与领导、文化、安全八要素。它描述的是整个学校诊断的框架模型，每个要素旁边的简洁文字呈现的是在基于学生发展的学校诊断视角下，对每个要素关注的侧重和视角。示意图最下面一行的愿景目标，既是学校诊断的目标愿景，也是每个具有价值认同的学校的发展愿景。

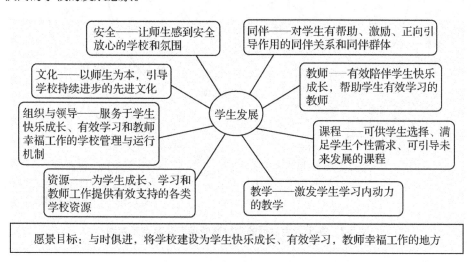

图2-1 基于学生发展的学校诊断八要素图

如果进一步把各要素下的主要观测点也用图示进行表达的话，那么将可形成如图2-2的一个核心、八个要素及多项观测点的同心圆示意图。

同心圆示意图的中心点是"学生发展"，说明这样的学校诊断以学生发展为核心价值观，强调学生的主体地位，同时也表明相应的观测内容和工具将重点从学生的视角、感受及变化出发。

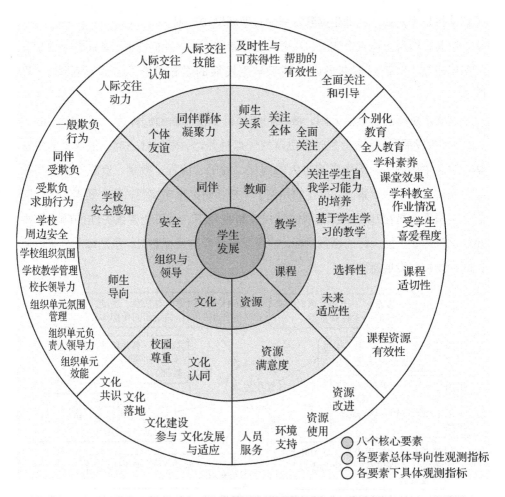

图2-2　基于学生发展的学校诊断模型观测点示意图

　　同心圆示意图最内环的八个核心要素，说明基于学生发展的学校诊断将围绕与学生发展紧密相关的同伴、教师、教学、课程、资源、文化、组织与领导、安全八要素展开。这样的八要素切分其实也囊括了传统学校管理工作切分下的教育教学、后勤、德育等各项的所有内容，只是切分的视角从基于管理的视角到基于学生发展的视角进行了根本性的转变。而一旦实现了这样的切分，通过这种视角的自我诊断、结果分析、原因探查后，也许就更容易找到学校里究竟是什么因素导致了学校基于学生发展的效益发挥不利，因此也就容易有的放矢地进行调整了。否则，学校和干部、教师们觉得辛辛苦苦却不被学生们领情的状况就可能时常发生，却又不知如何改进。其实说到底，这就是一种由于视角问题导致信息不对称，进而产生的管理风险。只有从根本的角度上不把学生、教师放到学校管理的最底层，其他问题才能迎刃而解——学校教育说到底是一个校园里的关系学问题，看待关系的视角将决定关系的呈现、结果和变化。

同心圆示意图由里往外的第二环是八个核心要素的总体导向性具体观测指标。这是指一般性的基本状况诊断时可以探查的各要素观测重点。比如，以"组织与领导"要素为例，学校诊断并不只是直接评估学校组织机构设置是否齐全、制度是否健全、岗位设置是否合理等，这是因为形式上的机构设置、文本上的制度形成以及数量上的岗位保证都是"物质"上的学校组织与领导的形态而已，对其评估并不能反映其"非物质"意义上的功能实现。相反，从学生和教师的角度考察学校为师生服务的导向以及服务质量和服务效果等，才是无论何种物质形态下学校组织与领导本质功能实现和根本价值发挥的重点。再如，"资源"要素强调的不是资源的有或无、好或坏，也不是难以有效统计的资源利用率等，它关注的是师生对各类资源的满意度，对各类资源提供给他们成长、学习和工作的服务质量的感受等。因此，从这个意义上解释，该环中所示八要素的总体导向性观测指标也正是基于学生发展的学校诊断之核心价值导向。

同心圆示意图最外环是各要素下一些具体观测指标的示例。不难发现，围绕学生发展这一中心的八要素下各个具体的观测点与传统学校评估中的考察指标不同，其测评的角度和"与时俱进，将学校建设为学生快乐成长、有效学习，教师幸福工作的地方"这一学校发展的目标愿景始终保持高度一致，同时也与第二环中的基本导向性观测指标在价值指向上保持一致，并对其具体内容作了补充。例如，"教师"要素在常见的学校评估中通常会关注教师的学历达标率、专业对口率，参加培训、教研的情况，评估者眼中的教师教学等表现。但是，基于学生发展的学校诊断则重点关注教师是否"有效陪伴学生快乐成长，帮助学生有效学习"，因此，强调教师"对学生成长的全方位关注"（全面关注）、"对学生的平等关注"（关注全体）、"与学生和谐、愉快地相处"（师生关系）；同时，教师对学生的作用主要通过教育教学过程来实现，以班主任这个在传统学校中很重要的教师角色为例来看，学生是否能有效感知到班主任的"全面关注和引导"、对其"帮助的有效性"和"及时性与可获得性"等就显得尤为真切且关键了；同样，其他任课教师或者一些已经转型的学校中的导师、咨询师、教育顾问甚至教务员、大学咨询顾问等不同作用的教师角色，由于其对学生成长和发展的支持点不同，因此，在基本导向保持一致的前提下，具体的观测点会根据其对学生支持的不同角度、进程和独特性体现而有不同。后文中会结合相应的结果分析和反馈再加以阐述。

需要补充说明的是，国际上发达国家和地区的学校自我评估通常还会包含学校与家庭、学校与社区联系这个侧面。而近些年来，我国普通中小学，尤其是小学在家校联系方面也作了很多很好的探索，取得了一些有益的经验。但是，是否从家校联系这个侧面来寻找学校诊断的要素，我们觉得还是要特别考虑校情以及学校所在区域的情况而谨慎行之。当然，在某些诊断的过程中注意采集来自家长的信息和数据是十分可取的。比如，考察学校和家长对学生的教育理念和目标是否一致，在学生的培养过程中能否互为支持，家校沟通合作的方式、频率以及家校联系的有效性等，这些对学生的成长都有重要的影响。未来，随着我国教育改革的系统性推进，家校联系成为现代学校诊断的一个必不可少的要素也并不是遥不可及的事情。至于学校与社区的联系，随着我国社区制度建设的日益成熟，这也将是未来学校在诊断和发展过程中必将越来越多会涉及的领域。

在寻找学校诊断的核心要素与观测点这一节的末尾，我们特别想再强调说明的是：对于一所已经或准备对管理开展全面自我诊断的学校，以怎样的视角对本校学生发展进行自我考量和评估，是需要特别坚定、明确且始终坚持的价值观。

学生发展状况是反映学校有效性的最重要指标，也是学生、家长和学校都尤为关心的结果性变量。基于学生发展的学校诊断为的是帮助学校改进，其根本目的终究要归结到促进学生发展上，因此，使用反映学生发展状况的指标来检验诊断的有效性也是恰当且有必要的。

需要强调的是，反映学生发展状况的指标非常多，学业成绩可能是一直以来最常用的，也是学校最容易考察、也始终不能忽视的，但在强调个体全面且有个性的发展的今天，仅仅用学业成绩来反映学生发展状况已经显得太过单薄。基于学生发展的学校诊断对学生发展的考察应是宽视角、全面发展意义上的，不能仅停留于学生成绩上，应关注学生身心发展的各个关键层面。从诊断的可操作性和实用性角度出发，我们建议：对于学生的身体发展状况，可以使用身体素质和机能的实测追踪变化；对于学生的心理发展状况，可以使用对自尊、自我效能等关键心理特质的核心自我评价进行测查，大量心理学研究表明，该方面心理特质能较为敏锐地反映出个体的总体心理发展状况；此外，学生的自主学习能力、人际交往能力、信息获取和使用能力等未来公民社会中所需要具备的这些关键能力的状况，也是学校对学生发展状况进行考量和追踪时可以关注的重要且有效的内容。

学生是学校的重要主体，作为受教育者，他们应该处于学校最中心的位置。学生在学习中形成自己的思维方式，建立价值观念，在与教师和同伴交往中与社会对话，形成独特的自我。这个过程中的成长、出现的问题、取得的成绩是反映学校质量成效的一面镜子。学校从基于学生发展的视角寻找并确定自我诊断的核心要素，形成一套科学、系统、适切性强的指标体系，对于学校诊断的有效性以及在通过诊断促进学校发展上都具有极其重要的价值。

三、发现学校诊断的项目

确定了学校诊断的核心要素，就好比学校体检有了基本的需要观测的指标和内容。接下来，就需要根据这些指标找到合适的项目以落地实施了。

看完上述同心圆示例图中学校诊断的具体指标和观测点，我们就不难明白，由于这样的诊断是涉及学校管理全过程、各环节的，因此内容很多，堆砌到一起也必定显得繁杂。如何从中理出头绪，使得诊断对学校清晰可见，简单明了的体检意义能够凸显出来呢？

我们建议所有想进行诊断的学校，一定要善于把这些指标和观测点的内容条分缕析，整合到不同的诊断项目中，然后，结合学生和教师在学校生活的场景，尽量让诊断的项目与学校每学年或每学期活动的规律吻合。例如，教育教学诊断一般放在每学期期中时段进行，结果有利于帮助教师进行行为或策略的调整；而对学校活动或资源使用的诊断，则放在期末时段进行，且一般情况下每学年一次即可。就像我们自身每年的健康体检一样，通过不同体检项目的组合，实现不同侧重同时又多面兼顾的自我查体。

先来看看图 2-3 的诊断项目逻辑示意图。

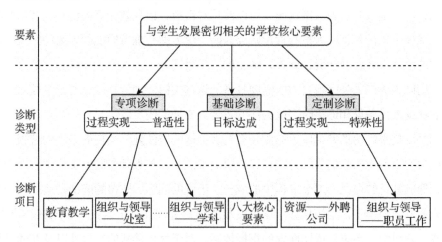

图 2-3　立足学校发展过程的诊断项目逻辑示意图

每所学校都有自己独特的生态，即便是同一所学校，也处在不断的动态变化中，这样的特点决定了学校对诊断项目的需求绝不会千篇一律，对项目的多样性和选择性也提出了更高的要求。在与多所学校共同进行行动研究的实践中，根据不同诊断项目实现功能的不同，我们探索出了基础诊断、专项诊断和定制诊断三种项目设计方式。

基础诊断相当于对学校进行的"全面体检"，关注的是目标达成的功能。通过测查全校师生对同伴、教师、教学、课程、资源、组织与领导、文化、安全八要素的总体感受，我们可以了解到学校在各核心要素上的基本发展状况。基础诊断的结果经过指数等级的转换，能够反映学校在各要素上的具体达成状况，还能够提供学校在同类学校群体中的相对位置，供学校管理者参考。

专项诊断是对各要素中某一个要素进行的"单项检查"，以深入发现并剖析问题，同时为学校改进策略提供更充足、专门的信息。相比于基础诊断的全面性，专项诊断则深入学校的过程性管理中，强调对某一方面问题的聚焦，如学校的教育教学状况、学校各个组织单元的管理状况等。以教育教学专项诊断为例，它是对基础诊断中的教学要素进行的深入诊断，目的是帮助学校每一个教师获得其所教学生对其教育教学的具体感受及判断，从而帮助教师有的放矢地进行教学行为调整。这类诊断项目通常适用于所有学校，而且常常通过周期性地实施以进行追踪分析。

定制诊断是根据学校的特殊需求和特定的教育情境，聚焦于某个要素，为学校量身打造以满足学校个性化需求的诊断项目，它使学校诊断更切实地服务于不同学校的改进。例如，某学校在上学期基础诊断后，对师生感受不好的资源要素进行了深入分析和切实改进。于是，本学期学校管理者希望通过再次诊断了解学校资源的改进效果。这时，就可以为该学校的这种专门需求，研发出更加具有针对性的资源改进诊断工具，并实施一个小的定制性项目。这类诊断项目对于一般学校而言不一定要周期性实施，但是对于处于某一特殊时期或某个特定阶段的学校而言，这类项目一定会具有独特的时效性。同时，这类项目的灵活性程度也较高，以利于随时方便地实施。

根据学校对诊断的实际需求和诊断有效实施的适配性原则，我们建议学校可按学期——学校工作计划的重要时间单元——为基本单位选择不同侧重的诊断项目，以确保每次诊断的实效性。也就是说，在一个学期中，诊断项目并不是越多越好，因为诊断本身并不是目的，以诊促改、以诊断文化建设引领学校教育教学的进步才是重点；将诊断工作日益变为学校每个学期常规工作的有机组成部分才是最佳境界。

除了以基础诊断、专项诊断、定制诊断这样的逻辑进行项目切分以外，诊断项目的形成过程中，还有一个非常重要的项目形成逻辑，那就是：由服务对象来诊断服务提供者，从服务对象的角度去反思服务提供者的工作效益和效率。这在根本上与过去传统的学校内部评价"由上而下"的逻辑不同，是一种"自下而上"的视角，从而也决定了由"评"到"诊"的根本性策略升级。这也可以说是基于学生发展的学校诊断区别于传统学校评估项目的根本逻辑所在。

图2-4比较清晰地说明了在每一个诊断项目中诊断者和被诊断者的对应关系。而正是在这一系列的对应关系中，每一个育人过程中的实施者，都能通过诊断来不断获取实证信息反馈和提醒，一次次调整自身行为，回到育人的初衷。

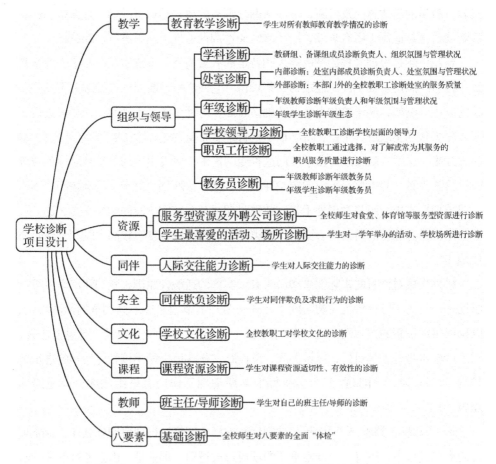

图2-4　由服务对象来诊断服务提供者的学校诊断项目示意图

四、确定学校诊断的视角

确立了要素、指标，也区分了不同的项目以后，其实，诊断不同内容的具体方法也就相应确定了。从评估学的专业角度而言，评估方法一定是由评估目的、评估内容的性质及其范围决定的，而不是倒过来由评估方法去决定内容和目的的。因此，当我们前面比较仔细地讨论了诊断的要素、指标和项目后，在讨论具体诊断结果的使用之前，还需简要讨论一下学校诊断中的常用方法。

（一）多个利益相关者的视角互证

学校是一个复杂的微系统，由于所处位置和角色的不同，每个层面的人看到和感知到的学校都有所差异。想要全面、真实地了解学校，就需要从学校的利益相关者，包括学生、教师、职员、管理者、家长等多角度收集信息，进行多角互证。因此，在学校诊断过程中，要使用多种评估方法，建立从多层面、多角度空间和多视角了解师生感受的途径和方法，才能全面把握对学校管理和教学的认识，在不同层面信息的"同"和"异"中，发现学校的优势与问题。我们可以形象地称之为"多角互证法"。

为了保证学校诊断的效度，建立起多角互证的信息比较模式是非常有必要的。学校教育教学过程不同于企业的生产或销售过程，难以完全通过标准化、流程化的质量监督过程控制产品的最终形态，也无法通过简单的量化指标发现生产过程中的问题或偏差。很多时候，限于人力、知识、经验等方面的原因，学校的内部诊断可能会在收集信息、诊断结果等方面出现问题。而如果建立起一个由外部评估、内部自我诊断、第三方评估组成的三角认证体系，对多个评估结果进行分析，在多方信息中比较以发现问题，那么能使学校诊断的结果更加可信，在改善学校质量方面发挥更加有力的作用。比如，对于课堂教学的诊断，我们可以通过学生、教师、教学督导针对课堂教学有效性进行的考察，分析课程与课堂活动是否满足学生的需求和兴趣，教师能否在课堂上与学生进行充分的交流和指导，以及教师的教学质量如何等。学生作为教学过程中最直接的观察者，可以从自身的感受评价课程的有效性，包括教师是否有自己的教学风格和特点、教师教学重点和难点是否突出、教师对教学工作是否认真负责、教师的教学表达是否清楚、教师是否激发了学生的学习兴趣和主动性等。将对学生进行的调查结果与教师自我评估和教学督导评估结果加以对比，能够帮助教师了解课堂教学过程中存在的问题，从而有的放矢地改进自己的课堂教学。

同时，在内部自我诊断的过程中，由于学校组织及其成员的习惯、态度、经验等具有差异性，收集信息的过程中，需要校长、其他校级干部、中层干部、教师和学生的广泛参与，并对诊断数据进行相互验证，从多方信息比较中了解学校管理水平和教育教学质量。比如，在一些学校，在某些方面，学生的感受均显著高于教师、管理者和职员，而在另一些学校，则是管理者的感受均显著高于师生，这两种不同类型的结果在一定程度上反映着学校截然不同的组织生态；再比如，在诊断学校领导力与学校管理水平的过程中，我们可以针对同一个主题让不同的参与者作答，比较其回答的差异性，从而判断学校发展方向是否明确，政策是否得到有效的贯彻执行，组织结构、各部门职责是否清晰明确。在实施有效管理的学校，管理者、教师和学生都应对学校现在所处的环境有比较一致的知觉，明晰学校的管理制度及组织结构，知晓各类事件应由哪些部门和岗位人员负责，只有这样才能保障学校教学和日常工作的有序进行。倘若管理者、教师和学生对学校管理问题的回答有较大出入，甚至存在一些矛盾之处，就需要管理者详细分析问题所在，不断提高学校的管理水平。

即便是对学生视角的信息收集和分析，考虑到中小学生的身心发展特点，其在不同情景、不同背景下对同一主题的问题也会有不同角度、不同深度的回应和表现，我们也可通过运用多角互证的方式对其反馈的信息进行比较、印证和充实。

（二）多种来源混合数据的证据支撑

有效的学校诊断一定还需要混合方法下的数据支撑。在诊断过程中，证据的收集除了需要标准化量表以外，还需要结构化程度不一定很高但针对性很强的调查性工具，还应进入真实课堂听评课，了解课堂上学生与教师的真实状态，与学校不同利益相关者进行深入访谈，分析数据背后的原因，有时还要特别收集学校方面相应的多种客观资料，实现主客观数据的补充融合等。这些都是非常重要的诊断数据的来源。特别想强调的是，我们通过实践发现，运用多种方法进行的数据采集并不能完全由第三方专业评估团队来完成，尤其是访谈、课堂观察等方面。当学校诊断组或一些相关干部、教师掌握了一定的方法和实施要点后，由于本身对于学校教师与教学更加了解，学校自身在实施这些方法的过程中，自我诊断其实已经在有效推进，学校自身还会从这个过程中收获良多。

以学生为主体的学校诊断可以采用量表测量、问卷调查、座谈、观察、资料和文件收集等多种方法进行，从主观和客观两个方面，选取学校管理和教育教学过程中的多个维度对学生进行调查；也可以对学生反馈的结果进行分层处理，以帮助教师和学校管理者了解不同层次学生群体的情况。例如，在教师队伍素质的诊断中运用学生对教师工作满意度调查问卷，针对教师的专业精神、教学态度、与学生的关系等维度，收集学生的反馈信息，对教师整体素质进行诊断；而当需要了解学生的意图、动机和思维过程的时候，问卷调查的方法往往不能带来良好的效果，这时可以使用观察法，为学生设置情境，了解自然状态下学生的反应，及时地获得直接的资料，帮助教师和管理者分析一些潜在的问题；还可以引用一些心理学和管理学中的测试方法，如使用无领导小组讨论的方式，观察学生在没有领导、无人组织的状态下自然表现的素质和能力，并将之与培养目标相比较，客观地分析在学生培养过程中哪些素质有所欠缺，以更加有针对性地促进学生的全面发展。

（三）持续追踪数据的动态变化

学校诊断的目的不是给学校一次性地贴标签，而是促进学校的持续发展。因此，学校诊断的开展也应该是连续的，并能形成一个动态的持续发展过程。我们姑且将这里的主要方法思路概括为"变化追踪法"。

学校在进行完每次的诊断后，应该保存好在诊断过程中所收集到的相关信息，以便与以后的诊断结果作比较。在进行诊断后，学校应发现教育发展中存在的问题，并提出改进方案。判断改进方案是否有效的依据就是看学生是否发生了变化，是否达到了预期的改进目标。通过对学生进行持续的跟踪对比，学校应掌握学生行为和态度的变化过程，能够分析学校教学和管理理念、条件、环境的改变对学生的影响。从学生的变化中挖掘有用信息，并形成动态的学校诊断模式是学校诊断持续发展、保持活力的重要保证。

判断学生的变化既可以通过对比量化指标进行观察，也可以对学生的行为进行观察。例如，一些学校会定期开展学校课堂教学、课外活动的评选，通过学生的反馈，分析在一定时期内学生的需求、他们关注的重点，据此判断学校各种教育教学活动是否能够满足学生的需求，以及学生满意度变化背后的原因等。这些数据的获得为学校改进计划的提出奠定了基础，能指导学校开展更多符合学生身心特点的活动，提高学生参与的积极性，从而促进学生的素质提升和全面发展。

　　当然，无论学生行为的变化还是态度的变化都不可能是一蹴而就的，而是潜移默化的过程。为了使学校诊断获得制度上的保障，学校必须建立以提高自我效能和办学绩效为核心的现代学校管理制度。制度的建立有利于学校对阶段性发展目标达成情况作出全面的诊断，有利于通过发挥评估的调节反馈功能来优化学校的运转，提高效能。

第三章　谁来诊断

　　学校诊断是学校发展的内需性自我评估，那么，学校领导与管理者是否就是学校诊断的实施主体？

　　如果学校诊断成为学校管理者手中"以数据说话"的"大棒"，那么会有怎样的后果？

　　学校诊断既然是学校的自我"元评估"，那么为什么不能完全由学校自身来进行？

　　其实，就像专业的体检一定是自愿地把自己真实的健康状况呈现给专业的医生一样，学校诊断莫不如此。

【学校诊断应由谁来实施】

谁是学校诊断的主体

成立学校诊断组

找寻"促进者朋友"——可靠的第三方专业评估团队

形成优势互补的协同合作机制

一、谁是学校诊断的主体

从世界范围内学校评估的发展历程来看，以往的学校领导者更倾向于把外部的评估者（国家或地区的监督者）当作评价自身努力成果的"法官"。在这种背景下，学校评估作为外部评估的补充部分有时受到重视，有时又很容易被忽略。直到最近三十年来，随着学校自我评估开始越来越广泛地被人们接受，学校"为自己说话"的重要性和真正价值才日益得以体现。从这一角度出发，学校自我评估和诊断更重视从本体意义上促进学校发展，重视学生、教师等利益相关者在学校发展中的主体作用，这也是学校诊断区别于传统学校评估的显著特征。

欧洲学校的自我评估通常要听取学生、父母（包括监护人）和其他利益相关者的观点，包括这些观点是如何收集来的，他们对教育质量的看法如何，如何分享评估的结果，评估后采取什么行动。正由于实践主体转变成了评估主体，学校自我评估才得以从外在的、硬性的、他人判定的、定论式的评价向内生的、弹性的、自我体验的、改进式的评价发展[1]，这是学校自我评估区别于传统学校评估的突出特点。英国教育标准局 2005 年发布的文件《与学校的新关系》[2]包含了一份详尽的学校评估表（Self-evaluation Form，SEF），目的是记录自我诊断的结果，其中规定，学校应当听取利益相关者的看法，并采取相应的措施。

在澳大利亚，学校自我评估和诊断是一个系统、全面并且详细地反映学校成就的过程，涉及学生学习、学生参与、学生福利、学生发展路径及转换。从这一过程的分析和反馈中，学校可以辅助制订未来的指导计划。[3]

上述国际相关实践经验也表明：让学生参与学校诊断，能够更清晰地获取学校满足学生需求的情况，有利于学校在教学和管理过程中不断发现问题，调整学校发

---

① 骈茂林：《学校自我评估：意义、问题及其改进》，载《当代教育科学》，2006(2)。

② Ofsted，"A New Relationship with Schools: Improving Performance Through School Self-evaluation", London, DFES, 2005.

③ Antoniou, P., Myburgh-Louw, J. and Gronn, P., "School Self-evaluation for School Improvement: Examining the Measuring Properties of the LEAD Surveys," Australian Journal of Education, 2016(3), pp. 191-210.

展计划，更好地实现教育目标。学生作为学校组织机构的重要组成部分，既是教育实践活动的对象，也是学习的主体。只有在学校诊断中吸纳学生的意见，才能实现诊断的全面性和客观性。

实际上，由于学生在思维发展、情绪情感变化以及自我意识发展方面呈现出与成年人不同的特点，因此学生对所处的学校环境具有敏锐的洞察力。同时，由于学生是具有主体性的人，其对教学带来的影响不是无条件地接受的，而总是根据自己的愿望、态度、能力等来选择的，因此，改善学校教育质量的过程中，必须考虑到学生对学校各方面工作的感受和意见，以此为基础，才能制订更好、更合理的学校发展计划。

当然，教职工和学生在学校诊断中发挥主体作用需要一定的条件。第一，要建立开放、透明的评价环境，学校在制度上明确诊断的目的和使用范围。第二，要发挥评估主体的主人翁精神和自我决断能力。诊断基于评估者的特定需求和价值期待，因此，诊断的质量也取决于在如何满足这些需求上所达成的共识。第三，要为评估主体提供技术方法等方面的支持，对参与评估的人员开展关于评估目的、标准、技术、方法等的专业培训。

学校诊断是学校基于自身发展和内部改进需求而进行的自我评估活动，学校管理者自然是诊断的主角，学生和教师是诊断的主体，但是，如果诊断变成学校管理者的工作，或者只由学校自身来实施，那么会出现怎样的结果呢？

实际上，基于学校自身的发展需求，很多一线学校也或多或少地在自己尝试做一些具有诊断性质的调查工作，但由于不具备专业的评估与测量知识，常常费了很大力气，收回来的数据也不知如何使用，难以得到系统、持续的信息，自我评估的效果往往不尽如人意。事实上，即便在西方教育事业发达的国家或地区，绝大部分学校也并不具备独立设计工具、收集数据、作出判断的技巧和能力。① 学校诊断是一个专业性很强的过程，仅靠学校自身力量难以长期、有效地进行，需要来自专业

① McNamara, G., O'Hara, J., Lisi, P. L., et al., "Operationalising Self-evaluation in Schools: Experiences from Ireland and Iceland," Irish Educational Studies, 2011(1), pp. 63-82.

评估人员的帮助和支持①，而第三方专业评估团队能够通过专业的评估技术和工具，提高学校诊断工作的有效性，并尽可能地为学校减轻不必要的、非教育教学的工作量，作为学校的促进者朋友，帮助学校进一步提升管理的科学性和实效性。

同时，国际上已有的研究和实践也表明，有学校诊断组的学校更有利于带动学校内部人员对学校诊断的积极态度，也更有利于学校专业化管理队伍的成长。② 这一点在我们与一线学校多年的合作中得到了非常好的印证：过去的几年中，学校诊断组教师成了学校里成长得最快的一批人，与其他教师相比，他们更懂得如何解读数据、分析数据，并用数据助力自己的专业成长；更难能可贵的是，他们在看待和分析学校事务时能够站在更高的角度进行综合分析，对教育教学的改革与发展也更加主动和敏锐。

最为重要的是，学校诊断的目的始终是促进学校的改进，学校永远是不能够被替代的改进主体。当学校既是诊断计划的制订者，同时又有能力对关注的关键问题进行追踪与改进时，不仅学校诊断能发挥其最大的价值，而且通过诊断在学校里建设良好的诊断文化，也能为学校的发展和变革提供坚实的基础及保障。

二、成立学校诊断组

国际上已有的研究发现，学校诊断的成功与否会受到学校领导者和参与者对学校改进的渴望程度及对学校诊断的态度的显著影响③，尤其是学校的领导团队（校长、副校长等核心管理层），他们不同于一般管理者，在诊断中要承担"指引方向"的重要作用，他们的行为会显著影响诊断的过程和结果的实现④。因此，学校自身的需求是进行学校诊断的重要前提条件。简言之，学校自身没有进行诊断的需求，

① O'Brien, S., McNamara, G. and O'Hara, J., "Critical Facilitators: External Supports for Self-evaluation and Improvement in Schools," Studies in Educational Evaluation, 2014(43), pp. 169-177.

② O'Brien, S. and McNamara, G., "Supporting the Consistent Implementation of Self-evaluation in Irish Post-primary Schools," Educational Assessment, Evaluation and Accountability, 2015(4), pp. 377-393.

③ Hofman, R. H., Dijkstra, N. J. and Adriaan Hofman, W. H., "School Self-evaluation and Student Achievement," School Effectiveness and School Improvement, 2009(1), pp. 47-68.

④ Pak Tee, Ng., "The Singapore School and the School Excellence Model," Educational Research for Policy and Practice, 2003(1), pp. 27-39.

学校诊断便无从谈起。

同时，学校诊断关注学校运行过程中影响学生、教师和学校发展的全面信息，而非仅仅是学生成绩等结果性变量，所涉及的信息层面多、角度广，因此，学校诊断的推进过程中需要有一定的人员与资源的持续投入，整个流程都需要学校的参与甚至主导才能完成。在这个过程中，代表学校利益发挥主导作用的核心力量就是学校诊断组。由于这个小组在学校诊断中发挥着重要作用，我们需要从以下几个方面把与其相关的几个重要问题讨论清楚。

（一）为什么需要成立学校诊断组

问题一：为什么需要成立这样的一个专门的诊断组来主要负责学校诊断的推进？难道就不能将学校诊断的推进作为学校管理层的工作策略和方法之一，在学校整体管理工作中因时就事地进行吗？

我们对这个问题的建议答案是，一旦经过了酝酿、考察阶段，学校就应该成立专门的工作组。

所谓酝酿、考察阶段是指学校核心管理层思考、筹划这类工作的阶段。随着学校的发展，学校管理层对学校进行各种形式的自我评估的意识会逐渐增强，慢慢地，学校会越来越多地进行一些零散的、随机性的、临时性的面向教师、学生和家长的调研或意见征集工作。当学校感受到这种从管理层以外获取的有关学校信息的价值和独特作用时，这些信息会被越来越多地用于学校决策的参考过程中；而当学校决策开始越来越多地听取、吸纳管理层以外的经验或判断时，学校希望整体有设计、有系统地进行类似工作的自我诊断意识就会明显增强，愿望会越来越迫切。这个时候，学校就会进入真正的学校诊断的酝酿、考察阶段。

在酝酿、考察阶段，核心管理层会进行有意识地明确分工，一般会是校长根据学校发展的实际问题或学校各阶段遇到的不同问题，或主要由自己亲自设计，或根据专题、内容的不同分工，请不同的副校长实施一些自我诊断信息的采集和分析工作。例如，学生和家长对学校某些主要改革措施的感受或意见，学生或家长对学校校本课程研发和实施的需求以及具体可提供的资源甚至人力支持，学生和家长对学校游学或职业考察活动的反馈等；再如，对某些教职工代表大会重要议题的教师意见征集，对某项改革措施的教师选择意向等。这些，不少学校都或多或少地有过尝试。在这个过程中，核心管理层一般就会发现这项工作中的"有心人"，会越来越多地让他更加专项地承担这类工作；同时，也会慢慢发现这类工作中的专业方法或流程在很大程度上会影响信息的有效性和可参考性，会慢慢意识到这类工作需要专门的设计和人力的保障，否则，事倍功半。比如，对一些需要获取的有效信息找不到明确的切入口，费了不少精力，所获得的信息却又十分庞杂，不知如何分析和利用等。

这时，就需要从学校管理的策略层面来通盘设计、筹划这类自我诊断工作，为其配备专门的人力或条件作为保障了。

因时就事地进行相应的信息收集，只是诊断需求下的某些自醒行为，这时的诊断工作还是零散、随机的，所提供的信息也是碎片化的，诊断还没有成为学校管理工作中有意识的策略、方法和手段，对学校管理工作的帮助作用也并不十分可靠。而如果要从管理策略的顶层进行诊断工作的设计，那么工作的延续性、系统性和持续有效性就成为必然。此时，在酝酿、考察阶段所积累的人力资源就成了很宝贵的财富，他们一定是推进此项工作的重要依托。

而且，只有将这项工作从学校核心管理层执行落实为自主的系统推进，才能实现独立于学校管理层提供全面信息的作用。也就是说，如果所有的诊断工作都源自管理层的想法和设计，那么，也就无法发挥从不同视角帮助管理层看到"水面以下更大冰山"的作用，因为减弱冰山效应的根本策略就是视角的切换。所以，独立存在的学校诊断组是实现诊断从自醒的意识性行为到系统的自主诊断的必要物质保障。没有这样的一个专门的小组，所有的学校诊断就没有独立性，摆脱不了校长本人或者其他核心管理层的主观意识或经验的限定性，所获得的所谓的诊断信息没有什么"意外"，也就不足为奇了。

（二）学校诊断组由哪些人员构成

问题二：诊断组该由哪些人员构成？

首先，基于对问题一的剖析，我们很容易就能明白，诊断组的组长一定不能是校长本人。

在我们与实验学校共同探索、实践落地于我国普通中小学实际的诊断流程和协同机制的过程中，我们首先会帮助学校建立一个 5~7 人的诊断组，而小组的组长一定不能是校长本人。此时，令不少校长们感到奇怪的问题就是，几乎所有涉及中小学的专项管理工作，似乎都希望校长本人牵头、挂帅，为什么学校诊断组的组长却一定不能是校长本人呢？其实，通过对问题一的讨论，我们就能清晰地知道：如果校长本人亲自担任诊断组的组长，其个人权威性会给诊断工作的客观性造成影响，那么就等于让诊断组失去了帮助学校管理层从不同视角获取信息的位置优势，因为任何人都不可能独立于自身之外去"看见"自己。

但是，我们同时又非常肯定地建议，校长在诊断组开始工作的初期一定要为诊断组提供全方位的支持和帮助，甚至要深度参与诊断组工作的全过程，根据诊断组工作的需要完成特定的工作。实际上，不仅校长本人应该如此，学校的核心管理层都应该遵循此原则。也就是说，诊断组成立的初期离不开学校的行政支持。

毕竟，这种覆盖学校运行全过程的诊断首先是管理咨询性质的诊断。如果这样的新生事物诞生的初期没有获得学校的行政支持，那么工作的有效推进必然受到阻碍，效果会大打折扣。所以，从这个角度，我们也更加建议学校要精心物色学校诊断组的第一批成员人选，使得工作的推进在切实落实到人的前提下不会落空。

因此，诊断组的组长人选一定是除校长以外的学校核心管理层人员，他在学校具有较强的行政说服力和执行力，能够很好地领略学校诊断的意图，真正接受以学校诊断推进学校为人的全面而有个性的发展服务的价值观。当然，从个人层面而言，他也应该是与校长最志同道合之人。一般情况下，传统组织结构下的学校会选择分管教育教学的副校长担任此组长工作。一则因为教育教学副校长全程参与学校的各项核心管理工作和决策过程，具有很高的行政知情力及执行力；二则因为教育教学工作是学校的一线核心工作，必然更多面对并接触学校的师生们，对于从不同视角帮助整个管理层获取有效信息具有天然的"桥梁"优势。

其次，除了组长本人以外，我们还强烈建议学校要为诊断组配备 4~6 人的专门人员力量，不能只有一个"光杆司令"。道理跟对问题一的分析中的逻辑是一样的，只有切实将责任落实到人，有确切的固定人力保障后，才能避免将系统的学校诊断工作简化、虚化为零散、随机的领导意识执行。

对于这 4~6 人的构成，我们建议，学校一线管理干部和骨干教师的比例最好五五各半。这是因为，一半的成员是学校一线管理干部，有利于在诊断的组织和实施中快速且有效地调集资源、整合有关资料与数据；而另一半的成员是骨干教师，则更多是为了诊断组能够真正实现"管理层以外视角"的位置优势，在整个诊断的组织实施过程中不失却听取一线教师声音的基本通道。

当然，根据学校的规模，诊断组可以适当突破除却组长以外组员 6 个人的上限，但是，一定不是越多越好。我们在实践学校诊断的过程中看到，有的学校由于对诊断工作特别重视也充满期待，几乎所有中层干部都成了诊断组的成员，而实际上具体工作的推动中，由于学校自身能完成的工作毕竟是有限的，因此责任只落在了少数几个人身上，但是，这少数几个人的工作要接受其他组员，也就是其他所有干部的审核，结果工作流程变得复杂，过程也不得不拖沓，这实际上也就成了另一种形式的"落实领导意图"，可想而知，效果并不理想。

此外，需要强调的是，诊断组的核心职责或者说工作目标就是完成诊断工作在校内的独立、完整的推进，因此其本质一定是"工作"组。但是，可以根据学校的实际发展情况和所在区域的区情，将诊断组或以项目组的名义，或以课题组的名义在校内"安身立命"，以突出诊断工作的专业性而非行政性，逐渐以专业工作小组的性质拉近与一线师生的距离，让诊断真正在学校教师和学生心中落地、生根、开花。同时，从其诞生之初就从命名上凸显其专业性的立意，也有利于诊断组人员自身的专业成长。

（三）学校诊断组的工作主要包含哪些内容

问题三：诊断组的主要工作内容、工作重点是什么？

既然是专业工作小组，那么，其主要工作内容一定也是专业色彩比较浓厚的，否则，以行政命令的面貌开展工作，必定很难为一般师生所真正接纳，也无法真正听到师生们的真实声音。

归纳而言，诊断组的重点就是不断将学校诊断工作推向系统化、规范化和专业化。

具体来说，主要包括三个方面：诊断工具和诊断方法的专业化生成，并达成共识；诊断数据的常态化、规范化收集；诊断结果的分层分类反馈、沟通和以诊促改的督促及支持。诊断组成立初期，一两年的时间内，所有工作重点可能会集中在前两个方面；随着诊断工作的不断成熟，诊断组的工作重点会慢慢地真正向第三个方面推进。

第一个方面，诊断工具和诊断方法的专业化生成，并达成共识。学校诊断组根据学校各阶段的发展任务，确定不同的诊断内容，并在第三方专业评估团队的支持和帮助下，共同生成校本化的诊断工具，这些诊断的"器"是诊断之"事"的基础，"工欲善其事，必先利其器"，这是诊断工作走向专业化的第一步。很多学校在初期尝试各类自我评估的工作中已经发现，评估或诊断用的工具不同，在很大程度上会使诊断的数据结果发挥完全不同的作用，因为使用不同工具所能采集到的信息的清晰度、确切性是很不一样的。这里仅列举两个可能比较常见的例子。

学校若想知道师生对学校食堂的满意度情况，通常会设置这样的调查题目。

对于学校食堂这学期的工作，您是否满意？   1. 是。   2. 否。

这样的话，即便是调查了全体师生，得到的结果也将只是"是"或"否"的满意度百分比，至于满意或者不满意的原因可能是什么，不同学期的满意度是否有变化、能否比较等这些更有价值的信息，则都不能确定。

我们不妨稍加改善，将这道简单的满意度选择题进行适当切分，如表 3-1 所示。

对于学校食堂这学期的工作，请在符合您个人感觉的方框内画对号。

表3-1　师生对学校食堂的满意度情况调查表

调查维度	本学期您的满意程度（数字越大表示越满意）					与上学期相比，您的满意程度（数字越大表示越有进步，0表示无改进）				
	1	2	3	4	5	0	1	2	3	4
食堂的餐具卫生										
食堂的环境卫生										
菜品的味道										
菜品的品种花样										
菜品的营养搭配										
饭菜的分量										
饭菜的价格										
……										

这样得出的诊断信息是否会对食堂工作的下一步改进更有针对性呢？

当然，不是所有的学校诊断内容都适用调查问卷类的工具。比如，对于教师教学效果的诊断，除了以学生为诊断者的教育教学诊断是重要的诊断信息来源以外，日常的听课、看课也是非常重要的信息来源。学生教育教学诊断数据看似大致相同的两位教师背后，其实可能隐藏着非常不一样的原因。例如，两位同样是被学生认为"这位老师课堂效率不高"的教师，其中一位有可能是因为课堂的节奏把握不太好，在根据学生学习效果反馈调整教学安排上不灵活，导致大多数学生感觉课堂的效率不高；而另外一位可能就是因为诊断前的那段时间有过几次比较特殊的原因导致下课拖堂，而这一行为恰恰在中学生中非常不遭待见，因而中学生就反映其为"效率不高"了。所以，有效地观察课堂，为学校的听课、看课提供比较切实可行的参照性框架，通过课堂有效性的指标引领，引导学校课堂生态的变化，这也是课堂观察记录表——这个全校性、可通用的诊断工具可以发挥专业引领作用之处。

同时，需特别强调的是，专业化诊断工具的生成只是这一环节的第一步。如何与相应的诊断者、诊断对象进行沟通，引领他们达成对工具的共识，也是通过诊断真正发挥引领作用的工作重点。具体策略会在本书第四章第一节进行阐述。

第二个方面，诊断数据的常态化、规范化收集。数据是诊断结果的信息来源，数据的真实性、常态性决定了诊断结果提供信息的全面性和有效性。因此，可以说，数据是诊断的生命线，如果数据失真，那么所有为诊断所进行的前前后后的辛苦工作都将白费。而这恰恰又是一般学校在诊断中容易忽视的环节，以为只要是学校自身从师生处直接"采"到的数据就一定是真实数据，所以，常常不进行思考或设计就搞一次调查、发一份问卷，或者进行一次地毯式的听评课、干部或教师谈话，以为这样就拿到了学校的真实数据。岂不知，一旦数据"闭上说真话的嘴巴"，诊断就成了无源之水、无根之木，空有其形而不具其实了，这样的诊断工作最终也将演化成学校里的"劳民伤财"之事。

而如何通过建立常态化、规范化的实施流程，采集到来自师生的真实数据，是学校诊断组永远的努力方向，也是一直的工作态度，更是一种专业精神的体现。

应该说，学校诊断的数据是否能够"说真话"可能首先跟学校的传统、学校文化建设的阶段相关，即学校的历史传承和文化传统是不是鼓励、倡导师生对学校说真话，而不仅仅是说好听的话、无关痛痒的话，这在一定程度上会决定通过诊断采集的数据的真实程度。这也是有些学校从一开始就能采集到对学校管理很具参考价值的诊断数据，而有些学校则需要花费一段时间才能让师生认识到诊断的真正目的，打开真实心声之门的原因。

而更具显见性的是，诊断组如何通过切切实实的工作流程，让师生感受到学校进行诊断的诚意和对真实数据的期待，将在更大程度上决定诊断数据的真实性。其中的具体流程我们将在后面阐述具体实施环节的章节里再进行细致的讨论。这里只是先强调其在诊断组工作内容上的重要性。由于诊断组代表的是校方的利益，因此，必须先通过一定的工作环节让所有参与诊断的人群理解他们自己也都是校方利益中的相关者。学校诊断首先是跟大家自身在学校的利益直接相关的，而不是可以"事不关己，高高挂起"的事情。更难的是，如何让那些在学校不掌握管理权的普通师生相信，诊断是代表大家的利益来听取每一个人的真实心声的，他们在诊断中提供的数据都是为了学校改进，进而提高自己在学校的生活和学习质量，而不是为了评价个体，因此真实感受、意见的表达将是他们在诊断中首先，同时也应该是主要要做的工作。这个时候，就需要发挥诊断组构成中有核心的校级干部，也有熟悉教育教学一线的管理干部，还有直接在一线工作的骨干教师的多样性成员优势，集思广益，结合学校实际，通过一些动员、说明和组织工作，一点点把工作做到家。

也正是从这个意义上来看，我们说，诊断组在数据采集工作中的专业化首先是一种专业精神和态度的体现与坚持。

第三个方面，诊断结果的分层分类反馈、沟通和以诊促改的督促及支持。可以说，这个方面的工作是诊断组专业化水平的最终体现，也将在学校诊断工作机制建设中投注最大的专业力量。

诊断不是目的，以诊促改才是重点。在第三方专业评估团队的协助和支持下，前两个方面的工作都能比较快速地提高专业化水平，体现其效益，但是，只有第三个方面的工作才将真正以学校自身为主体，而且，这个主体作用的发挥程度在很大可能性上取决于诊断组工作的专业化水平。这是因为，基于学生发展的学校诊断重点要发现的问题都是与学校是否真正服务于学生发展相关的，解决这些问题的途径和办法，也正是将学校的教育教学回归到为学生发展服务的本体上，保障学校育人目标的落地。因此，当通过诊断发现这些问题后，学校就要根据数据反映出的问题、出现问题的环节和相应人员，进行分层分类的结果反馈，通过一些办法和机制支持、帮助甚至督促问题或环节的责任人分析问题的成因，从而有的放矢地进行问题的改进和行为的调整。

在这一系列过程中，如何用好诊断结果，进行一步步的相应原因和改进策略的分析，就非常体现和考验诊断组成员的管理水平和专业经验，其中，沟通是这一过程中最重要的专业活动。这里的沟通绝对不是拿着诊断的数据结果简单地和相应方谈话或通报结果，这里的沟通需要调动学校工作中相应的专业、经验积累，寻找合适的方式、恰当的渠道和正好的对象，在相宜的时机下进行，如此才能有效地完成沟通。比如，对于学校基础诊断的结果，由于涉及的是全校师生感受的学校管理整体状况，这些诊断结果的重点沟通对象应该是学校的核心管理层，而不用对教师呈现某些结果，否则会造成信息的不恰当释放下的负效应；而对于每个学生对其每位教师的教育教学诊断结果，则应采取"背对背"的原则对每位教师单独释放，并在需要的范围内进行部分结果的解读和利用。

而针对这些工作，如何在诊断组中进行合适的分工协作，以组织的名义进行相应的支持、参考和督促，确实非常考验诊断组的专业素质和经验，需要相应的探索和积累。

关于这一部分工作内容我们将在后面进行专门的详细论述。

（四）学校诊断组成员所做的工作是否会增加其整体工作负担

问题四：诊断组成员所做的工作会不会增加他的整体工作负担，甚至影响其本职工作呢？

当我们通过对前面第三个问题的细致分析，对诊断组的工作内容进行条块切分后，其实就会发现，诊断组的工作内容其实也是学校教育教学管理过程中的常见工作，只是工作的依托由传统的经验性判断转换成了全面的诊断数据信息，工作的策略由基于个人情感或组织需要的谈话变成了基于诊断数据的共同研习和沟通、讨论。

尤其是当诊断组经过了最初的工作探索阶段而逐渐将工作的重点放到第三个方面的结果沟通和使用督促上时，就会发现，其实诊断工作会大大帮助我们提高传统范式下学校教育教学管理工作的效益且效果提升明显。

这也是我们所说的，随着诊断工作的逐步推进，当学校进入学校诊断文化建设阶段时，如果学校里的每一个人都具有了自我诊断、自我反思的意识和能力后，那么学校组织的进步将呈现出不可阻挡的趋势。

所以说，从诊断组成员个人角度而言，虽然初期参与学校诊断工作时，可能会由于对内容、流程的不熟悉，工作方式上也异于一般的传统习惯，感觉个人工作内容上增加了一些事；但是，随着一至两轮诊断工作的完成，就会找到自身工作的促进点，并从整体的工作思路、流程和问题解决策略上感受到对自身专业成长的帮助和启发。这也是为什么无论从国际上相关项目的经验，还是我们的实践研究中都能发现：诊断组的成员往往会成为学校里进步最快的人！

（五）学校诊断组在校内如何定位以及人员如何更迭

问题五：基于上述问题，诊断组是一个什么性质的组织？在校内组织结构中如何定位？人员如何更迭呢？

基于对上述问题的详细分析，我们到此不难发现，学校诊断组应该是学校里专业性的"民间"组织，具有很高的专业权威性和严谨规范性，用数据说话，用专业的过程推进工作。

学校诊断组无疑会得到学校行政的高度重视，但是，却不能完全通过行政的力量推行工作，从工具的制订、数据的采集到结果的使用上，都非常需要依靠一线师生的自我行动力，在取得师生信任的基础上，听取大家的声音，用好大家的意见和建议，积极处理好大家反应的问题，在不断积累大家的经验的过程中改进学校，增强学校的效能。

尤其是在诊断工作初始阶段，得不到行政的支持和关注，固然无法在学校开展工作；但是，诊断工作不仅需要学校行政的重视和推动，更需要扎根于教职工中间，凭借"民间"专业组织的身份和力量来开展。因为学校若要持续进行有效的诊断，必须得到广大教职工的认同。这时，诊断组成员中来自一线的骨干教师的作用发挥将会非常重要。只有他们才会自觉并有效地传播通过诊断所引领的理念和行为导向，并传递正能量。否则，教职工们会认为诊断"只是领导重视或喜欢的事情"，在他们眼中，还是脱不了"以评代管"的底色。

所以说，学校诊断组一定不能定位于校内的某一级行政组织，而应以专业组织的形式，类似于学校的学术委员会、教师发展支持委员会等，持续地面向全体师生开展工作。

那么，相应地，专业组织里的人员，整体而言应该具有一定的来源稳定性和工作长期性，同时，根据学术组织按届轮换的基本原则，也可考虑部分成员的轮换，从而通过该专业组织实现帮助更多一线干部和教师更快成长的目的。

三、找寻"促进者朋友"——可靠的第三方专业评估团队

在一些发达国家和地区，当学校开始尝试自我评估或自我诊断的研究和实践后很快就发现，真正有效的学校诊断一定是要通过第三方专业评估团队和学校诊断组的优势互补才能进行的。

（一）学校诊断中的专业第三方区别于一般第三方的特殊性

国际上的一些追踪研究发现，有些学校的自我评估对学校教学和学习质量没有起到改进作用[1]，甚至还起到了降低学生的学业成绩的作用[2]。这些开展了诊断但并未有效促进学校改进的学校其教训就在于：他们的学校诊断完全由学校内部人员自己组织和开展，但事实上由于没有相关培训、经验和专业背景，教师并没有能力和精力独立承担系统的学校诊断研究与实践工作[3][4]。

究其根由，这也是由学校诊断是指向改进的内需式评估的性质决定的。首先，内需式评估一定会以获取组织的真实、客观状况和师生的真实需求为第一要

[1] Kogan, M. and Maden, M., "An Evaluation of Evaluators: The OFSTED System of School Inspection," in *An Inspector Calls: Ofsted and Its Effect on School Standards*, ed. Cullingford, C., London, Kogan Page, 1999, p. 18.

[2] Rosenthal, L., "Do School Inspections Improve School Quality? Ofsted Inspections and School Examination Results in the UK," Economics of Education Review, 2004(2), pp. 143-151.

[3] Elliott, J., "Self-evaluation and Teacher Competence," Irish Educational Studies, 1995(1), pp. 1-12.

[4] McNamara, G. and O'Hara, J., "Workable Compromise or Pointless Exercise? School-based Evaluation in the Irish Context," Educational Management Administration & Leadership, 2006(4), pp. 564-582.

务，通俗而言，自己不会为自己的体检作假，因此，在这样的诊断实施过程中，只有校内相关人员才能真正确保数据的真实性；其次，诊断始终指向改进，那么，要想获得专业的、有利于改进的决策依据和调整信息，需要保持客观、中立的立场，同时具备专业、系统的相关评估训练和专业积累，而这正是第三方专业评估团队作为学校真诚的"促进者朋友"的重要价值之一；最后，当进行诊断结果的有效使用时，学校内部人员具有对问题透彻分析的本土优势，也具有基于诊断改进的带动优势，而第三方专业评估团队则在监督改进过程、跟踪改进效果方面具有不可替代的作用。

上述这种学校内部相关人员和第三方专业评估团队深度交互、协同实施的诊断过程，从本质上区分了学校诊断中的专业第三方和一次性、外部评估中一般第三方：和一般第三方最大的不同是，学校诊断中的第三方并非发放一次问卷、搞一次访谈、听一轮课，然后给一个报告就"走人"了，而是在整个诊断过程中保持与学校真正的深度合作、真诚地对话。双方通过深度交互、协同合作，不断地锻造出改变学校的新智慧。

第三方专业评估团队由于具有评估学、测量学、统计学和心理学等相关学科的系统训练和积累，能够承担大量学校一线教师并不擅长的专业性评估工作，在减轻学校不必要负担的同时，提升评估与诊断工作的科学性和有效性。然而，由于第三方不可能对学校的本土环境、话语体系和深层的改进需求十分了解，因此，在诊断后的结果使用和改进中其作用将会比较有限，而此时，学校诊断组的本土优势和校内带动作用将会显露无遗。而且，双方的不断磨合会大大提升诊断工具校本化、诊断流程标准化以及诊断文化建设的效益。在这个过程中，第三方和学校的关系会越来越像一对彼此熟悉且充满关切之情的医生和受检者，也像一对彼此诤言无尽的朋友：第三方会用专业而真诚的"第三只眼"见证并促进学校的变革，在因诊断而改变的路上和学校一路同行。

（二）从"批判性朋友"到"促进者朋友"

实际上，早在 1999 年，欧洲的教育评估专家约翰·麦克贝斯就对学校自我评估中的第三方专业评估团队提出了"批判性朋友"(critical friend)或者说"诤友"的定位①，即"能够提出尖锐的问题，从另一个视角提供可供检验的数据，并能够评判评估工作的值得信赖的朋友"。这一概念随即得到了广泛传播，爱尔兰、英国、荷兰等多个欧洲国家的第三方专业评估团队都将自身定位于"批判性朋友"的角色。

由于第三方专业评估团队的角色定位各不相同，支持的效果也有所不同，因此人们开始反思批判性朋友这一角色的内涵及其各项功能的优先级顺序，以明确该角色的核心要素。研究者们关注到了批判性朋友的角色中具有"促进性"作用的一面，也就是说作为促进者的批判性朋友不仅要通过批判提出专业质疑，更要在整个评估过程中提供支持，引领学校的内部评估团队共同推进评估进程。在此基础上，爱尔兰都柏林城市大学的研究者们将促进者与批判性朋友的角色特点互通有无，提出了"促进者朋友"(critical facilitator)作为第三方专业评估团队的角色定位。②③

我们之所以没有将"critical facilitator"直译为"批判性的促进者"，而用"促进者朋友"这个译法，是因为我们的经验告诉我们：首先，从批判性朋友到促进者朋友，"朋友"的立场是始终未曾改变也不可改变的。在学校自我评估和诊断中，学校是评估的主体，因此，朋友的角色既表达了始终与学校一致的立场，更表达了对学校主体性的尊重。其次，弱化批判性的概念，代以促进者的表述，既包容了第三方专业评估团队提供专业建议和质疑的批判性职能，又消除了原有批判性的单纯旁观性特点，通过促进者强调了第三方专业评估团队在诊断评估过程中的全流程深度介入和对评估过程及团队成长的促进作用。

从这样的概念内涵释义中，我们可以看出，这其中包含着促进者朋友最核心的两大角色功能，分别是结果性功能和过程性功能。

结果性功能作为其首要的角色功能，就是促进学校自我评估和诊断的高质量完成。这一角色功能的实现贯穿了学校诊断的全过程：在诊断之前，促进者朋友需要

---

① MacBeath, J., *Schools Must Speak for Themselves: The Case for School Self-Evaluation*, London, Routledge, 1999, p. 26.

② O'Brien, S., McNamara, G. and O'Hara, J., "Critical Facilitators: External Supports for Self-evaluation and Improvement in Schools," *Studies in Educational Evaluation*, 2014(43), pp. 169-177.

③ O'Brien, S., McNamara, G., O'Hara, J., et al., "External Specialist Support for School Self-evaluation: Testing a Model of Support in Irish Post Primary Schools," *Evaluation*, 2007(1), pp. 61-79.

对学校的实际情况进行深入了解，提出对学校诊断整体架构的建议，并与学校诊断组共同商定具体的诊断计划，就诊断的目标达成共识；在诊断过程中，促进者朋友要保证该过程始终与学校诊断组的每一位成员都息息相关且对其有所帮助，除了直接提升校内评估者的评估能力之外，促进者朋友还要注重评估步骤的简化，以提升其可行性，并对数据收集和分析提供专业的技术支持，以确保整体诊断工作的完成；在诊断过程结束后，促进者朋友要持续关注后续改进措施的实施，激励教职工将改进计划落地，并及时给予有针对性的支持。

促进者朋友的另一角色功能是在学校诊断组中促进过程性成果的实现。过程指的就是诊断评估团队成员彼此交流，发现、解决问题，制订决策以及应对矛盾冲突的方式；而成果则包括增进分享和理解，支持并增强诊断评估流程的程序性，引导并提升成员的参与度、归属感、自主感，促进该团体的成长性发展。这一功能主要通过两种路径实现：一是对学校诊断进行文化价值传递，通过论坛或座谈会等形式，倡导对学校诊断的积极态度，鼓励学校诊断组的成员积极参与到诊断过程中，提升其主人翁意识，并树立对学校诊断性质的正确认识。二是注重引领学校诊断组的成长过程，通过营造合作、自主、向着共同目标努力的团队氛围，确保所有参与诊断的个体的想法都能得到充分表达，工作量得到公平分配，并在工作完成后及时给予积极的反馈和赞赏，恰当地处理诊断过程中的矛盾，激励教职工等。

特别想反复强调的是，无论是批判性朋友还是促进者朋友，第三方专业评估团队都以保持对"朋友"立场的坚定为核心，对学校始终坚持真诚性、批判性和促进性，在诊断过程中愿言、敢言、善言，真诚地站在学校的立场思考，批判地为诊断结果进言，有效地促进诊断后改进的根本目标的实现。

由于种种原因，我国目前对第三方专业评估团队的市场培育机制还很不成熟，国内一些第三方专业评估团队囿于自身相对于学校的外部性，不能、不愿或不敢与学校真正保持对话的平等性，因此对学校的支持容易弱化为"事不关己"的批判或"不痛不痒"的意见，缺乏对学校个性化发展的数据支持，更无法结合学校自身的全面信息提供深度分析和解读，同时，对评估实施的具体过程性结果关注度也不够，这样的支持只为学校提供了比较表面化、可操作性较弱的外部建议，实质上难以提升学校评估的质量，更无法真正有效促进学校下一步的提升。

　　促进者朋友的立场应始终与学校统一，双方对于学校诊断有着相同的目标，即促进学校的发展。站在朋友的角度，第三方专业评估团队首先要凭借自身的专业性，推动、优化学校诊断的实施过程，通过对诊断工具编制和数据结果使用的专业把控，保证诊断的质量。因此，第三方专业评估团队本身的外部性不再是缺乏本土化信息而难以辅助学校的障碍，反而从专业角度环环把控了评估质量，对学校而言增加了另一双客观而真诚的"眼睛"。同时，促进者朋友也始终关注并监督学校进行诊断后的改进过程，只有在诊断后真正对诊断结果进行使用，直面问题、解决问题，学校才能切实地通过诊断获得持续发展的动力。所以，促进者朋友不仅提高了学校诊断的质量，更增强了学校诊断的效果。

（三）学校找寻"促进者朋友"时应关注哪些重要特征

　　那么，具体而言，学校在找寻这种第三方专业评估团队"促进者朋友"时，要关注他们的哪些重要特征呢？我们提出以下几点供大家参考。

　　第一，与学校一致的价值观。学校诊断是一件需要勇气、需要始终坚持学校教育价值观的自我挑战之事。要想完成这样一件突破舒适区、"自己找事"的事情，没有坚定的价值观难免动摇，在初期没看到效果时也容易放弃。尤其是促进者朋友，更需要在学校遇到困难、出现犹疑时给予支持、提供帮助。所谓道不同不相为谋，没有非常坚定一致的价值观，双方恐怕很难最终走在一起。也就是说，第三方首先是要有一些明确、坚定的对于教育的坚持和价值判断的。如果双方都认定学校诊断和学校发展的愿景都是把学校建设为"学生快乐成长、有效学习，教师幸福工作的地方"，那么，这便是双方能走到一起的前提，也是重要的基础保障。这一点早在双方合作以前就应该基本具备。

　　第二，对学校真实的积极情感。促进者朋友首先得是朋友，只有真朋友才会真关心。没有真正的关心，就不会有对问题的敏锐、对困难的关切、对支持的不遗余力。当然，这些可以在后续的合作中培养起来，但是，这是长期合作的重要情感纽带，没有这条纽带，就没有进一步合作的持续力。

　　第三，从理论到实践的专业转化力。促进者朋友需有能为促进者的资质。没有相应的教育学、心理学、测量学、评估学等领域的较为深厚的理论积累，就无法在专业的高位上为学校提供促进性支持；同时，空有一套又一套的理论建构，没有能落到教育实践的转化成果或基础，也无法在真实的教育情境中提出问题、分析问题、帮助解决问题。所以，从理论到实践的转化力是促进者朋友的专业资质保证。

第四，敢讲真话，且能讲、善讲真话的洞察力。促进者朋友首先是从批判性的立场来的，作为朋友的"第三只眼"，其重要价值就是从管理者看不到的视角帮助学校发现真问题、挖掘真经验，在这个过程中，能否讲真话至关重要。当然，每个人的视角和经验不一样，从各自立场出发，也许都有真言。但是，能否站在学校能理解的角度和可改进的最近发展区有效地讲出来，则又是对专业能力和沟通能力的考验，这是一种更加广义和高位的洞察力。真言可能逆耳，但所有逆耳的未必一定是真言。

第五，IT、DT 的技术力。信息技术（Information Technology，IT）的采用和实现力，数字技术（Digital Technology，DT）的掌握和运用力，在当今时代背景下毋庸置疑是非常重要的。在技术正在改变并还将更大改变人们生活的今天，学校生态究竟会以怎样的速率改变，改变成什么样，是目前大家正讨论不已，同时也深知也许还未等讨论清楚未来便已来的话题。在这样的趋势下，真正的促进者朋友必须对这种影响学校生态的时代技术背景深有感触，并主动拥抱。只有具有一定 IT、DT 思维力和实现力的朋友，才可能促进学校一起走得更远。

四、形成优势互补的协同合作机制

以校内行政支持下的民间专业组织为工作推进的主体，在第三方专业评估团队促进者朋友全程介入的帮助和支持下，形成双方优势互补的协同合作机制，这是学校诊断在实施上区分于其他学校评估活动的根本特征。也正是这一真正意义上的协同合作机制，才使得学校诊断突破了一般评估的一次性、外部性和终结性的特征，最终实现与学校管理全过程息息相关，并纳入学校日常运行之中，成为现代学校有效组织与领导的重要行为策略之一。

这种实施上的特点是其从机制上区分于传统学校评估之所在。这一特点也正是欧洲学者彼得·范·佩特海姆（Peter Van Petegem）在关于学校诊断的描述性定义中明确指出的：由适当的参与者（学校利益相关者与专业评估人员）对学校功能进行的系统的描述和判断。① 也就是说，学校诊断是指由学校利益相关者和第三方专业评估团队进行交互、协同实施的过程。

实际上，正如上一节中所述，真正能做到以促进者朋友的身份介入学校诊断过程的第三方一定是全流程介入的。从进入诊断现场前的准备到具体诊断过程的实施，促进者朋友都以不同的角度和方式进入，与学校诊断组真诚合作，有效地推动学校诊断的实施。

首先，在第一次诊断开始之前，要对学校诊断进行计划和准备。在这一阶段，第三方专业评估团队首先要与学校管理层讨论并就诊断的过程、要求、标准和内容等问题达成共识，这一过程是由学校校长或核心管理层与第三方专业评估团队共同讨论决定的。达成共识之后，由校长参考第三方专业评估团队的建议在学校内部成立不包含校长在内的 5~7 人学校诊断组，一方面可以让更多的一线教师和员工通过诊断参与到学校管理的过程中，另一方面减轻了校长在诊断过程中对学校诊断组可能造成的压力和影响。

其次，在每一个阶段的各个环节中，学校诊断组和第三方专业评估团队都是各有侧重、优势互补且协同合作的，在工具研发、数据采集、报告形成、以诊促改等各环节，双方都各自发挥本土化和专业化优势，在对话和沟通中建构双方协同合作机制（见图3-1），在各个环节中双方都各有侧重、协同分工，这样不仅减轻了学校诊断组大量不必要的工作负担，也简化了诊断在校内的程序，并大大提升了诊断工作的效率和效果。具体从每个环节的工作来看，主要的协同工作内容包括以下几点。

（一）诊断内容与工具确定

在每一轮诊断开始之前，学校诊断组成员需要同第三方专业评估团队以工作会议的方式会面、商议，针对每学期整体的诊断计划列出涉及的具体任务，并将任务进一步分配给小组成员。然后，双方共同讨论修订本轮诊断使用的工具，完成初步

---

① Van Petegem, P., "Towards a Stimulating Policy for Self-evaluation in Schools," The Annual Meeting of the American Education Research Association, San Diego, 1998.

的工具校本化修订过程，并就数据分析和呈现的方式进行商讨和确定。这一环节中，第三方专业评估团队发挥其测量学、评估学、心理学、教育学等相关学科研究积累的优势，会提前做好工具研发工作，为学校诊断工具的确定提供建议和蓝本；而学校诊断组则重在根据学校实情和需求与第三方专业评估团队在充分的研讨和商议中做好工具的校本化修订工作。

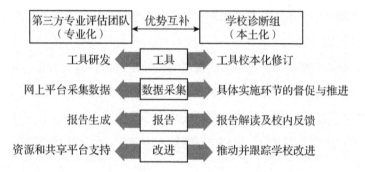

图3-1　学校诊断组与第三方专业评估团队的协同工作机制示意图

之后，第三方专业评估团队需根据与学校诊断组初步议定的诊断工具，示范或指导学校诊断组进一步与各个相关的诊断工具使用者进行访谈和沟通，学校诊断组还需根据工具校本化修订的初步结果在校内广泛征集意见、统一共识。这一阶段的准备是否充分将直接决定后续诊断流程能否顺利运转，以及第三方专业评估团队能否与学校诊断组建立起真诚互信的合作关系，因此需要格外重视。

（二）数据采集与分析

数据采集过程主要由学校诊断组负责，第三方专业评估团队提供平台和技术支持。分析数据的过程则由第三方专业评估团队参照事先双方议定的框架，同时根据测量学等专业规则和逻辑来进行。数据结果内容根据双方议定的各轮诊断重点，可以包括学生的感受、能力和学习效果，教师行为，家长态度等。这一过程中学校诊断组可根据第三方专业评估团队的分析需要，补充提供某些必要的客观资料或其他数据，同时可适当与第三方专业评估团队讨论互动，以丰富、验证相关分析结果。

这样一来，在诊断的具体实施过程中，促进者朋友能够切实为学校诊断组降低诊断实施的难度。学校诊断组不再需要花费大量精力学习评估知识，降低了其参与诊断评估的门槛；更事半功倍的是，学校诊断组的评估能力在实践中获得了实质性的提高，随着诊断工作的不断推进和深化、学校诊断文化的不断加强，学校诊断组将逐渐降低对第三方专业评估团队的依赖。

（三）报告反馈与改进参考

在对结果作出判断并完成报告反馈的过程中，学校诊断组和促进者朋友需要共同讨论，研读详细内容，确认反馈方案。首先，依据数据结果讨论在本次诊断关注的内容中，学校的优势和劣势分别是什么，继而挖掘问题的根源，确定进一步提升的方向，在此基础上共同完成分层分类反馈学校诊断的报告。其次，针对现存问题提出切实可行的改进方案，设计学校下一步的改进计划。在这一过程中，促进者朋友在理念和专业上的引领，既减轻了学校在诊断的探索中可能面对的困难和疑惑，也使学校诊断的结果更具有针对性，真正使诊断为学校自身的发展和提升服务。

而在监控和实施改进方案的阶段，学校依然是主体，但促进者朋友此时仍需参与其中，为学校的改进提供同侪互动的帮助和支持，对学校的改进形成推力，并产生适当的压力以推动改进方案的落地。

促进者朋友在学校诊断过程中实行了全流程介入，但一次流程的结束并不是学校诊断的结束，促进者朋友更关注学校诊断的常态化，让学校真正从诊断中获得改进的持续助力，并最终在学校建立起一种开放、反思的诊断文化。这些诊断工作推动中的过程性成果不仅有助于通过诊断的过程传递学校的理念，更决定着诊断在学校的落地，乃至诊断文化的建立。

促进者朋友通过与学校核心管理层以及学校诊断组的真诚平等协商，共同确立一致的目标及工作分配，使团队每个成员都可以从中找到适合自己技能和感兴趣的工作，激励并提升团队成员对于整个诊断项目的掌控感和责任感。在这种热情和主人翁意识的驱动下，团队成员对诊断的参与程度更高，逐步形成更为默契的团队合作关系，工作完成的质量和速度也相应有所提高。在这一过程中，促进者朋友要有意识地避免因为自身的专业优势而扮演领导者的角色，要注重对团队成员参与的不断激励，最终让每个学校都拥有本土的专业化诊断团队。

学校诊断组在双方互动的过程中提升了自身的诊断评估能力，也学会了从更高位的学校管理角度看待学校发展。由于学校诊断组成员大多数是一线干部和教师，因此能够自觉并有效地将学校诊断的价值以及学校核心管理层的理念传播到更广泛的教职工甚至学生群体中，使得管理者与其他角色群体的共识增强，对于诊断的认同度和参与度提升。因此，这一团队的成长恰恰是诊断文化在一所学校内的发端。这种开放的诊断文化的生发，促使学校整体反思能力的提升，由诊断文化带来的反思力的改变将为学校持续发展和变革注入新的持久动力。

第三方专业评估团队能够通过专业评估技术和工具，提高学校诊断工作的有效性，并尽可能地为学校减轻工作量，作为"促进者朋友"，帮助学校进一步提升管理的科学性和实效性。与此同时，学校诊断的目的始终是促进学校改进，而学校永远是不能被替代的改进主体，只有当学校既是诊断计划的制订者，同时又有能力对所关注的问题进行追踪与改进时，学校诊断才能发挥其最大的价值。

归纳而言，这样的协同合作机制有三个突出优点。第一，第三方具有专业的评估技术和工具，以促进者朋友的身份真诚地介入，能够规范学校诊断工作，不仅大大提高诊断工作的效率，而且能更好地利用学校诊断进一步提升学校管理的科学性和有效性。第二，学校内部诊断者熟悉学校环境，他们会为数据的分析、报告的解读、改进方案的提出等提供更加深刻的见解、更加切实有效的改进措施。第三，有学校诊断组的学校更有利于带动学校内部人员对学校诊断的积极态度，也更加有利于学校专业化管理队伍的成长。

第四章　如何诊断

正如人类的健康体检需要根据个体情况确定体检项目和指标，需要采集血液、体液等各种样本以及通过心电图等采集各种数据，尔后才能进行健康状况的综合分析一样，学校体检大致也需要经历这些过程。

不同的是，学校体检的每一个过程都需要面对学校中的各类群体，而不只是某一个体，因此，沟通，在这里的每个环节中就显得特别重要，沟通的效果也在很大程度上决定了体检的客观性、全面性和专业性。

【如何有效开展学校诊断】
引领共识，确定诊断工具
转换视角，准备基础数据
动员组织，赢得师生信任
研析数据，纵横交互对比
结果解读，分层分类沟通

学校诊断最终的有效性在很大程度上会取决于其实施的过程和方法，而不仅仅是诊断的内容。很多传统学校评估之所以走到让学校两难、让评估者无奈的地步，一个很重要的原因不是其评估价值导向落后、评估内容和指标不科学，而是实施过程和方法不恰当，最终导致评估中弄虚作假，评估结果无法使用，更不能发挥其促进学校改进的作用了。

过去的三四十年中，欧洲国家的学校自我评估不仅在框架构建和工具开发上取得了较明显进展，以英国教育标准局为例，它发布了学校"自我评估表"作为学校开展诊断工作的指南性工具①；而且在目的上也不断明确了不应当基于为督导视察提供材料，学校应当使自我评估的过程简单并可被整合进日常管理工作体系中②。此外，学校对自我评估过程的记录与总结应当至少每年更新一次。③

实际上，许多欧洲国家的教育制度都在某种程度上寻求将学校诊断与学校日常工作结合起来的方法。欧洲关于学校自我评估的尝试都集中在或是为学校提供现成的数据收集和框架分析方面，或是增强学校自身运作的数据生成能力方面。有些欧洲国家使用详细的评估框架和形式强制性地指导学校运用特定的方式进行自我诊断，有些国家则尝试为学校提供能够发展出讲述自身故事的诊断框架的机会④。这两种做法各有利弊：对于第一种做法而言，固定的学校诊断框架或许能够减轻学校的工作负担，但是僵化的模式也可能会导致在数据收集及自我评估效果方面出现问题；与此相反，第二种做法虽然有利于凸显各个学校在发展过程中的特色，但会加重学校的负担，同时，在自我评估的专业化方面对学校的要求也很高。正是基于这两种做法在实践中的问题和困惑，学校自我评估的倡导者和实践者对建立学校间网

---

① Ofsted, "Preparing a School Self-evaluation Summary," http：//dera. ioe. ac. uk/20169/7/Guidance% 20for% 20school% 20self% 20evaluation% 5B1% 5D. doc, 2019-07-29.

② Ofsted, "School Inspection Handbook," https：//assets. publishing. service. gov. uk/government/uploads/system/uploads/attachment_data/file/730127/School_inspection_handbook_section_5_270718. pdf, 2019-07-29.

③ Ritchie, R., "School Self-evaluation," in *Dilemmas of Engagement：Evaluation and the New Public Management*, ed. Kushner, S., Stake, R., Bradford, Emerald Group Publishing Limited, 2007, pp. 85-101.

④ Eurydice, European Commission EACEA, "Assuring Quality in Education：Policies and Approaches to School Evaluation in Europe," Luxembourg, Publications Office of the European Union, 2015.

络，即建立起对增强自身诊断能力感兴趣的学校个体和专业人员间的网络，达成了共识。一些观点认为，这些网络非常重要，因为它们允许不同观点的出现，并对深植于所有学校团体的先入之见提出挑战。同时，成立一个独立于政府机构的民间组织来减轻单个学校和教师的数据收集和分析负担或许也是必要的。①

虽然世界各国在构建学校诊断的框架方面做法不同，但不可否认的是，学校诊断的程序方法正在逐步走向系统化和科学化，强调系统数据的收集，寻求学校诊断与外部评估间相互配合的最佳方式，并对建立起第三方评估与学校间网络的价值达成了共识。

通过上一章对"学校诊断应由谁来实施"的分析，我们不仅明晰了诊断工作中学校诊断组与第三方专业评估团队的角色分工，在其具体分工合作的过程中，也大致了解了一些诊断的基本流程和环节。在这一章里，我们将会系统地讨论诊断实施的过程和方法，以及如何具体开展学校诊断这一类专门的学校自我评估活动。

学校诊断如何实施，在关键流程上如何设计和组织，会显著影响学校诊断的科学性和有效性。经过在数十所优质学校中多年持续的探索及检验，我们形成了"四流程十八步"的常态学校诊断流程（见图4-1），有效确保了诊断的高效、常态化实施，提高了诊断的有效性。

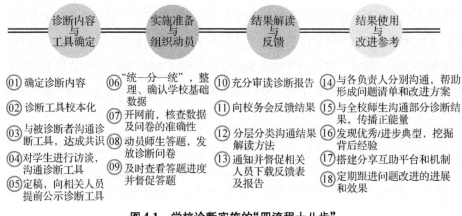

诊断内容与工具确定	实施准备与组织动员	结果解读与反馈	结果使用与改进参考
①确定诊断内容	⑥"统一分一统"，整理、确认学校基础数据	⑩充分审读诊断报告	⑭与各负责人分别沟通，帮助形成问题清单和改进方案
②诊断工具校本化	⑦开网前，核查数据及问卷的准确性	⑪向校务会反馈结果	⑮与全校师生沟通部分诊断结果，传播正能量
③与被诊断者沟通诊断工具，达成共识	⑧动员师生答题，发放诊断问卷	⑫分层分类沟通结果解读方法	⑯发现优秀/进步典型，挖掘背后经验
④对学生进行访谈，沟通诊断工具	⑨及时查看答题进度并督促答题	⑬通知并督促相关人员下载反馈表及报告	⑰搭建分享互助平台和机制
⑤定稿，向相关人员提前公示诊断工具			⑱定期跟进问题改进的进展和效果

图4-1　学校诊断实施的"四流程十八步"

① McNamara, G. and O'Hara, J., "The Importance of the Concept of Self-evaluation in the Changing Landscape of Education Policy," Studies in Educational Evaluation, 2008 (3), pp. 173-179.

在本章中，我们将结合上述流程以及每一个步骤中的相关内容，重点讨论诊断实施过程中的相关策略、方法。

一、引领共识，确定诊断工具

使用科学、系统、符合学校需求与实情的诊断工具是学校诊断发挥有效作用的前提。如同不同学科教师有自己的学科专业一样，教育测量与评价也是一种有着很高专业性和科学性要求的活动，其中最为重要的一点就是诊断工具的实效性。目前国内大多数学校尝试开展的自我诊断评估在方法上较多运用的是资料整理的方法，以工作总结的形式开展，有时会使用问卷调查、访谈、观察等方法。但在问卷调查、访谈或观察中事先研制并形成科学有效的工具的专业意识比较缺乏，基本"跟着感觉走"。

在过去多年与学校共同探索诊断的实践中我们发现，一套有效的学校诊断工具应该首先符合以下几点基本要求。

第一，由于教育生态与社会的经济和文化背景紧密相连，因此用于我国中小学诊断工具的观测点和指标必须要符合现阶段我国基础教育阶段的基本国情，适用于学校自身的话语体系。或者说，工具中的表达方式和内容应该是学校师生熟悉、明白的。

第二，工具编制要严格执行标准化的测量程序，要有扎实的理论和实践证据，通过资料收集与分析、被试访谈、工具试测、测量学指标检验等流程，反复打磨不同题目，保证题目良好的信度和效度。

第三，不同于一般的科学研究，学校诊断首先要考虑学校的实际需求，诊断的指标与内容也必须能够真实反映学校的诉求，因此，在诊断准备阶段，第三方专业评估团队与学校诊断组成员需要共同对工具进行修订、讨论，完成工具的校本化过程。

而这一过程正是此节标题中所强调的"引领共识，确定诊断工具"的过程。

(一)"引领共识"的具体含义

首先，我们需要明确一下，工具校本化过程中的"引领共识"究竟是什么含义？

简单而言，引领共识就是要把诊断工具的形成过程当作引领学校理念和文化共识的过程。正所谓要什么就诊什么，诊什么就倡导什么。诊断既要摸清现状、发现问题，更要引领未来、明确导向。

这里，需要再一次回到前面章节中曾经多次提到过的评估学的基本原理：从目的到内容，再到手段，及至结果，都是完整评估过程中环环相扣、不可逾越或遗漏的。即评估目的会决定评估内容，而只有根据评估目的和内容才能选择合适的评估手段，最后，只有保证前面三者的一致性和恰当性才能得到真正想要的评估结果。所以，在通过诊断工具确定诊什么时，一定要先回到诊断目的的澄清上。

我们在第二章中已经讨论过诊断的要素、指标和项目。这里就以最为各学校所喜闻乐见的教育教学专项诊断的工具为例，看看它们有效的校本化过程是如何进行的。

相信一般中学都尝试开展过自己学校的评教评学活动，即由学生对任课教师进行评价。这里我们暂且不讨论传统评教评学的结果使用，先看看它的工具制订。实事求是地说，我国基础教育阶段长期以来形成的行政力量对教育教学过程的直接监管和强大影响力，导致大多数学校对于教育教学的要求以及希望评教评学达到的目的过于趋同，而且行政主体的管理色彩浓厚，较少从学生的角度出发。我们总结了实践中的一些现行操作方案，不难发现，绝大多数学校一般会从教学水平、教学态度、教学情感、教学方法、教学效果、教学行为规范等几个方面来评价教师，指标和问题的设置强调教师主体，一般能够起到评价、管理教师的作用，但对于启发教师反思、调整自己的教育教学心态与行为，增进良好的师生关系，促进教师自主发展，往往难以发挥作用。

表4-1是传统评教评学中一个比较典型的诊断工具。

表4-1　传统评教评学工具示例

具体方面	1. 教学情感	2. 教学态度	3. 教学内容	4. 教学方法	5. 教学秩序
评价内容	A. 热爱学生，一视同仁。 B. 尊重学生，不歧视。 C. 冷漠，无情感沟通。	A. 非常认真，不迟到。 B. 比较认真，偶尔迟到。 C. 不太认真，经常迟到。	A. 难易适中，科学准确。 B. 有时过难或过易。 C. 有时出现科学性错误。	A. 形象生动，灵活多样。 B. 方法和形式较为单一。 C. 不恰当。	A. 生动有序。 B. 沉闷无活力。 C. 混乱无秩序。

续表

具体方面	6. 教学过程	7. 主体作用	8. 作业处理	9. 辅导答疑	10. 总体评价
评价内容	A. 精心设计，形成特色。 B. 有设计，吸引学生。 C. 只是照本宣科。	A. 学生参与程度高。 B. 学生参与程度一般。 C. 学生参与程度较低。	A. 全批全改，及时阅评。 B. 部分批改，整体讲评。 C. 作业时多时少，不反馈。	A. 经常辅导，非常耐心。 B. 有时辅导，比较耐心。 C. 极少辅导。	A. 非常满意。 B. 比较满意。 C. 不满意。

显而易见，这类工具的评价意图非常明显，而且由于关注点多且笼统，很难形成清晰明了的印象和记忆，也容易与其他要求雷同，很难起到真正引导教师日常教育教学行为的作用。而想要发挥这一效果，教育教学诊断在工具上需注重以下几个原则。

第一，导向性原则。教育教学诊断设立的工具实际上既是对学校现阶段教育教学效果的考量维度，更是学校教育教学面向未来发展的倡导和理念。因此，具体指标和题目既要反映学校"说的和做的一致"，又要体现目标和要求一致，而且，还应能够与时俱进，体现学校教育教学改革的进程。

第二，可观测性原则。教育教学诊断要搜集学生对教师教育教学行为的感知和判断，工具的内容应是具体、客观、可观测、可实践的。这样，才能通过不同诊断指标间的差异反映出教师教育教学过程中的优势与劣势，也才能使教师根据诊断数据反映出的信息，进行有针对性的自我调整和改进。

第三，激励性原则。诊断不是为了找教师的问题，而是要切实帮助教师改进，因此，指标要具备积极、正面的引导和激励作用，指标的表述要充满"正能量"。诊断既能够让教师了解学生的心声，又能够让教师的劳动得到学生的认可与鼓励，学生的肯定往往能让教师充满力量。

遵循以上三点原则，立足于当下我国基础教育阶段的发展要求和改革方向，结合在数十所优质学校多年实际运用的经验，以及与国内教育实践专家、优秀学校管理者、教师和学生的反复深入交流与讨论，我们形成了学校教育教学诊断工具中的如下观测点。

一是个别化教育。随着教育改革的不断深化，对学生进行个别化教育已成为社会、家长和学校的共识。要"注重因材施教""关注学生不同特点和个性差异，发展每一个学生的优势潜能"是当下教师必须关注和不断学习的内容。这就要求教师要从传统的"抓两头，带中间"向"关注课堂内外的每一个学生"转变。从这个观测点出发，诊断指标强调教师对每一个学生的关注，从学生感知到的教师是否关注他，并能否通过对优点、问题的发现与指导，为其提供有针对性的帮助等方面进行测查。

二是全人教育。全人教育强调教师要重视对学生全面发展的培养。对全面发展的理解，并不仅仅是指通常所说的德、智、体、美、劳的教育，对于各学科教师来讲，能否通过学科教育启发学生发展的内动力，提升学生的自主学习能力，让学生学会树立目标、自主选择、自主规划，养成良好的学习与行为习惯都是该观测点下关注的重要指标。此外，对于特点鲜明的学科，还应关注相应素养与能力的培养，如技术类学科的动手实践、探究能力，艺术类学科的审美能力、表现与表达素养，体育类学科的运动技能、意志品质、运动习惯等。

三是课堂效果。课堂效果强调学生感知的课堂表现及达到的效果，这一观测点下各具体指标的设置代表着每所学校提倡的、与其发展阶段相适应的课堂理念。因此，每所学校在这方面的指标测查角度有共性，更有所不同。例如，对教师教学形态、课堂效率的要求是学校共同注重的。而在此之外，有些学校更加强调教师应该风趣、幽默，创造气氛活跃的课堂；有些学校更加强调教学方法和形式的创新，希望课堂能够灵活多样、有特色；有些学校强调学生的主体性和高度参与性；有些学校实行分层教学，强调不同层级课堂教学难度、进度的适切性等。

四是学科素养。社会的发展、对教育的重视使得如今的教育环境已经发生了翻天覆地的变化，互联网教育、网络课堂等丰富的学习资源使学生在来学校前已经掌握了大量知识，这给教师带来了前所未有的挑战，也提出了更高的要求。教师的学科专业素养如何，能否激发学生的学习兴趣，是教师应该持续勉励、反思自己的关键点。

五是受学生喜爱程度。"亲其师，信其道"这句古话一语道破了良好的师生关系对于学生学习的重要影响。教师是否受学生喜爱，能否做一个真正走进学生内心的陪伴者和帮助者，在学生心中发挥自己独特的作用，是检验师生关系好坏的重要测量点。

六是作业情况。作业是学习内化的必要过程，但常常也是造成学生过重课业负担的"元凶"，在学生日常学习和生活中，完成作业的时间往往占据着很高的比例，因此，作业布置的质与量是学校非常关注的指标，同时也是教师进行教学行为调整的重要抓手。作业量的多少，作业难度是否适中，作业能否让学生有收获，教师对作业的批改是否认真、及时都应是检验作业情况的重点。

除此之外，对于每一位教师的教学班，我们还会设定一道"给教师点赞"的主观题，通过学生真诚的赞扬带给教师正能量，同时，这也是引导学生发现教师优点的有效方式。随机挑选某一位普通数学教师的教学班里的学生的留言，如下。

难度适中，讲课很有条理；经常会间接地指出学生的错误，提醒学生自己发现并改正；勤恳敬业，最好的数学老师，极其认真负责；经验丰富，讲课很认真，很强大；老师太厉害了，特别认真、负责；注重学生的内在品质与对学科的理解；老师经验丰富，教得好；对学生十分负责、认真，不放弃任何一个人；课堂上讲课有魅力；非常负责任，很关心学生的生活和学习……

由此我们可以刻画出该教师的课堂特点：有条理，重引导。突出的个性特点：认真，负责。形象特点：有魅力，经验丰富，关心每一个学生，不放弃任何一个人。这只是许许多多教学班中的一个缩影。实际上，每一位教师都十分重视和期待拿到学生给自己的"点赞"，这代表着他们辛勤的工作得到了学生的认可，同时，让他们了解到自己的优势，也有利于教师更客观、理性地看待自己的不足。

导向清晰、准确，指标具体、可观测，具有正向激励和引导作用的诊断工具，才能够真正实现对教师的优势挖掘、不足分析，激发教师自主发展的内动力，促进其在教育教学上的成长。更重要的是，这样的诊断工具能形成明确而清晰的学校教育教学的具体导向和主张，发挥切切实实的教育教学引领作用。

（二）工具校本化过程中引领共识的关键策略

但是，再好的主张如果没有达成共识，那么也只是"领导们的想法"。如何发挥其引领作用呢？这里，具体实施中的关键策略就是，一定要在诊断之前预留足够的时间，与相应的被诊断者讨论观测点的含义和具体的工具内容，真正充分听取他们的意见和建议，达成一致意见后在诊断前公示诊断工具。通俗地说，诊断之前已经知道了诊断内容，然后诊断，再给结果，那是诊断；而被诊断之后，给结果时才知内容，那则是刚性的评价了。

说到这里，大家应该明白为什么在本章开头部分的图4-1中，"诊断内容与工具确定"流程里分别有"诊断工具校本化"和"提前公示诊断工具"两个具体步骤了。所以，在每次诊断的启动和准备阶段，工具校本化的过程一定是耗时最长且一定不能吝惜时间的步骤。这一过程，正是诊断发挥其巨大张力的过程——这也是为什么项目学校的教师们会说，早在诊断开始之前，诊断已经真正发挥作用了。因为每一轮的诊断都有其需要重点强调的学校管理服务和教育教学的发展导向：一方面，学校始终坚持不变的理念将持续体现在将广而告之的诊断题目中；另一方面，新的发展或改革动向则一定要通过新的诊断工具提前释放，通过引领共识的过程，实现确定校本化工具的真正落地。

这里要特别注意的是，诊断谁的工具就一定要事先听取谁的意见。例如，诊断教师的工具，一定要事先听取教师们的意见，并提前公示；诊断职能处室主任们的工具，最好能实现一一跟相应的主任进行访谈，听取他们对工具表达的意见和建议，并据此修订、确定最后正式采用的工具。

在这个关键策略实施的过程中，我们还应该注意把握两个重要的原则。

第一，每个学期，诊断工具的修订不求多而求重要性，体现稳中求变的节奏。就像学校的整体工作，寻找变革的动力和时机，是任何一个处于当今激变时代下学校的永恒主题，但是，学校的任何变革都不应背离教育教学的基本规律，变革在一定时段里应是有限的、循序的才对。同样道理，诊断工具的修订总会跟学校下一步行进的方向和目标有关，那么，这样的修订在有限的时段里，一定不是越多越好的。但同时，重要的修订却又必须在该进行的时候完成。因此，就像学校里的重要工作一定不能太多，否则就等于没有重点一样，每学期诊断工具的修订工作也不宜过多。或者，换一个角度来说，若发现某个学期学校诊断工具需要修订的内容太多、太密集，从学校管理的角度看，这应该是在提醒管理者们学校工作的节奏可能有一定问题，或者说，有一些风险值得关注了。当然，反过来，若学校诊断工具较长时间一直没有修订，也应该是在提醒同样性质的问题，只是表现和程度不太一样而已。

　　第二，诊断工具的修订工作不要停留在题目表述的文字表面，而是要关注修订意见背后的声音。一般情况下，当我们进行工具校本化修订时，很容易被这件事情表面的形式所累，而忘了做这件事情的真正意义——因为一旦进入真实的修订过程，是很容易停留在或缠结于题目表述的推敲和打磨上的，每一道诊断题目的表达都可以有无穷尽的文字推研和优化过程。

　　然而，其实每一种表述的背后都没有绝对意义上的好坏之分，只有立足校情、适合的才是最好的。比如，在教育教学诊断的工具中，同样是教师"个别化教育"观测点上的考察题目，甲校用了这样的两道题："我能感受到老师对我的关爱。""老师善于发现我的闪光点，及时鼓励，增强了我的自信心。"乙校的两道题目则表述为："我能感受到老师很关注我的成长。""老师善于发现并鼓励我的优点，增强了我的自信心。"而丙校则使用的是以下的三道题："我在老师的心目中有较高的位置。""老师能够给予我有针对性的帮助。""老师善于激发我的兴趣。"

　　由于三所学校所在区域的教育环境和资源支持、学校的师资水平和生源特点，以及师生比和班级规模等各不相同，因此，即使对于"个别化教育"这样一个相同的观测点，学校现阶段需要重点关注以及未来近阶段可以引领的方向和目标也都是不同的。因此，相同时间段里，完全可以采取不同表述的诊断题目，以更加贴近学校实情地判断和引领教师们对于"个别化教育"的理解和执行。

　　所以，每一所学校，在这样的工具校本化过程中一定不要停留于题目文字表述本身，而是要关注在每一次校本修订过程中来自不同群体的修订意见，因为这些声音才是学校管理者真正应该听取和把握的学校教职工理念与意识发展的真实状况，而对这些真实状况加以提取，其背后才是学校近期发展可以去往或者暂时不能达到的地方，或者要趁机推进，或者要谨慎前行。比如，为什么教师们会普遍接受某种表述而拒绝另一种表述？其后隐含了怎样的理念认知水平？提醒我们在下一步行进中，教职工群体会在哪方面遭遇困难？而哪方面又可以加快节奏和步伐呢？

　　总之，一定要高度重视工具修订的引领作用。仅仅为修改而改，远没有达到工具修订的真正目的。诊断并不是在结果出来以后才发挥作用的，在工具修订的过程中，诊断已经在发挥重要的价值引领作用了。

　　此节结尾，用一位一线新入职教师第一次诊断后的思考来结束，让我们一起体会教师眼中好的诊断工具的价值和意义所在。

一名新手教师诊断后的思考

柳荻

国庆假期的前一天，当我收到学校公布的本学科诊断工具的时候，内心无法平静。我对自己说：这个学期的诊断完蛋了。

我很早就知道学校教育教学诊断这回事，但是并没有想到学校的诊断标准如此细化，要求如此之高。我用这些标准衡量了开学第一个月的教学实践情况，对每一个方面都没有自信。当时距离诊断还有一个多月，我尝试做了一些"垂死挣扎"，比如在课程设计中加入更多活泼的元素，比如注重学习目标的强调和对学生学习习惯的培养，比如注重对自主学习和课堂管理工具的探索等。

事实上，当我已经忘了诊断这件事的时候，诊断的结果出现了。我怀着激动和惶恐的心情下载了表格，首先惊叹于诊断结果的细致性和科学性，然后惊叹于自己的诊断结果如此切中我的要害。同组的杜老师问："你有什么感想?"于是，有了这篇凌乱琐碎的文章。

首先看整体结果。所有观测点均为优，但具体题目中出现了7个良好，这说明细化评估的好处在于让我们有机会具体了解需要改进的方面。整体结果比我预想的好很多，但我并不觉得自己是一个全优的教师，只能说这个评估体系是相对宽容的。举个例子，我们在网络上买东西时会看别人的评价。我的原则是，只要出现一条差评，我就绝对不会买这个东西，因为用户在反馈中一般来说都是相对宽容的，在这种情况下出现差评说明绝对有严重存在的不可忽视的问题。我想，这个准则在教育教学诊断中同样适用。于是，我对每一个项目、每一个项目的评价人数统计进行了分析。

高中部我只负责一个班(29个同学)的政治课程教学，出现问题比较严重的三个方面分别是支持促进学生自主学习、在学生心目中的地位和给予学生有针对性的帮助，而后面两个方面在初中部也出现了同样严重的问题。也就是说，在个别化教育方面，我还有很长的路要走。事实上，当我看到诊断题目的时候，个别化教育的几个方面也是我最不自信的方面，诊断结果的科学性和准确性让我服气。

初中部(114个同学)的反馈还体现了我在品德习惯养成和目标规划制订方面的

欠缺，这确实是我自己在初中部的课堂上落实比较少的点。

在初高中同学的心目中，我可能距离他们心中最喜爱的老师还有很大差距，但这方面我并不着急；而学生在学科教室方面的诊断结果告诉我，这里我还有改进的空间。

教师生涯中的第一次诊断就这样结束了，上面的思考也只是我闭门造车的结果，需要结合教育教学实践不断改进，也需要听取更多老师的建议和指导。下次的诊断结果可能并不会因为我的改进就有显著的改善，但只要我有一个可以参考的诊断指标体系，坚信自己在做正确的事，在教师成长的道路上就总是稳步向前的。感谢学校强大的诊断中心，也感谢给我反馈的每一个同学。

二、转换视角，准备基础数据

正像前文多处所说的那样，学校诊断的根本逻辑是帮助学校里的每个人或组织从服务对象的眼中看见自己，以自下而上的视角，帮助服务提供者了解自己服务的效果，所以，在诊断数据采集之前，确立好每个服务者与服务对象的关系，是诊断切实有效的前提。例如，每个学生不同科目的任课教师都是谁？需要一一对应。每个年级里哪些教师是班主任？需要清楚明确。甚至，在某些学校，需要对支持性部门的服务工作进行细致诊断，那就要搞清楚每个处室的不同职员其日常的主要服务客户都是哪些人员。在诊断的实施过程中，我们将这一环节和流程称为诊断基础数据的准备。

然而，从诊断作为学校管理工作的策略和工具的角度而言，基础数据的准备这一环节在更大程度上不是单独为诊断而生的，而是反过来的，当学校诊断工作开始进入正轨时，会倒逼学校管理中的基础数据趋向清晰和完备。

为什么这么说呢？

简单而言，如果没有诊断工作对学校基础数据中清楚对应关系的需要，那么一般传统学校不会感觉到基础数据的积累和管理是学校运转中的必经之路或者必备之基；而当诊断工作不断要求明晰学校里的服务提供者和服务对象的关系时，学校里越来越多的基础数据就会被核对、整理，学校开始建立及时维护、更新基础数据的规则和习惯。

举个例子，很多初次进行诊断的学校，在诊断基础数据的准备过程中，会认为，学校里关于学生与学科教师对应关系的数据似乎都应该在教导处，但是，把教导处掌握的数据拿出来一看，各年级的实际学生与教师的对应关系往往并不相符；各年级教师的名单似乎都应该在人事部门存档，但是，一旦调出那些数据，会发现，很多长期病假甚至已调离岗位的人员的名单还在那里……这个阶段的学校，一般情况下，若不是因为诊断，似乎谁也不会觉得这样的基础数据整理或清理工作会影响学校的日常工作。对于这个阶段的学校，往往谁都说不太清楚学校的管理和运行的真实状况究竟如何，但是基础数据的不规范和大量缺失至少说明学校里的对应关系可能是不清楚的，日常运行也缺少必要的检视和反思。

随着学校自我管理和发展能力的提升，一些学校会逐渐开设一些分类或选修课程，比如，体育课男女生分开上课，选修课全年级混选。这个时候，学校往往会发现，若不进行及时的跟进，学校里各类课程的师生对应关系会散落在各处，而这些课程的实际效果如何更是谁都心中无数了。这个时候，学校里的对应关系因为有了更多交叉、重叠和矩阵而变得日益复杂，这个时候大量的基础数据混乱或空缺实际更紧迫地预测了学校运转中可能会发生的问题。

而无论以上两例中的哪一类学校开始诊断时，实施中发现的首个问题或困难就是基础数据整理的不顺畅：原本以为一直会在那里的数据，实际却残缺不全或与现实状况出入甚多；或者，某一部分应该不复杂的数据，却散落在各处，要经过多人、多重核对才能整理清楚——这时，其实学校诊断已经在发挥作用，它通过这种数据整合或唤醒的方式，帮助我们发现学校运行过程中质量监控的缺失、效果反思的无法落地。

所以，我们认为，基础数据的准备过程首先是诊断对学校管理和运转状况的有效自检。正因如此，不应轻看或忽略基础数据准备工作对于学校自检的意义，更不应在这一环节中放松、大意，一味求快地为了准备数据而放过此过程中发现的学校运转中的问题。当然，如果这时放过的问题没有被重视或被解决，那么，不仅诊断的数据采集过程中会出现误差，诊断的数据结果中也将会更加激化地将问题呈现出来。比如，某所学校在诊断基础数据的准备过程中发现初中部某门课程的师生对应关系数据整理过程困难，迟迟收集不上来，为了不影响学校诊断整体数据的采集，学校采取了快速地按照常规规则和逻辑处理数据对应的办法。后来，在这次的诊断结果中，该门课程的教育教学诊断结果非常不好，这时学校再去追查个中缘由，发现，该门课程竟然由于个别教师和备课组的原因，已经连续两个学期没有按照学校课程表正常实施，因此学生们在诊断数据采集过程中纷纷表示"这门课的老师根本就没有上过课"，对该门课程的效果表示了各种不满意。然而，此时新的学期又已经过半。若学校能早在基础数据的准备过程中发现这个问题，可能会引发完全不同的效果。

因此，如果能转换视角，将看似非常普通、不起眼的基础数据准备环节当作学校运行状况自检、自查的开始，那么，不仅学校诊断工作会因为有了翔实而准确的对应关系数据而大大提高诊断结果的准确性、真实性和可参考性，而且，也将为带动学校日常运转的"齿轮"安装了可以自启动的"警报器"，提醒我们哪里可能有情况需要关注、支持或解决。

正因如此，在学校诊断工作方面有经验的学校，在每学期初的基础数据整理阶段就会由学校诊断组牵头，联合学校各类数据的负责部门，对学校日常运转有显见度的各类数据的对应逻辑和对应状况进行自检、自查和整理，经过统（统一分工）、分（各部门分工协作）、统（统一核查）的过程，完成基础数据的整理工作。

总之，不可小看这一环节工作的复杂性和综合性，它实际是对学校管理和运行能力的一次检验和挑战；也不可轻看这一环节的价值和意义，不仅学校诊断可以由此得到结果真实性和有效性的保障，学校日常工作的自检机制也可能由此得到建设和能力上的不断提高。

当准备好了达成共识的工具，以及经过自检自查的基础数据后，学校诊断工作才算是做好了"物质上"的准备。接下来要准备的，就是师生心理和意识上的正确认知了。

三、动员组织，赢得师生信任

在我们的中小学中，无论是对学生还是对教师，填答各类问卷、被调查访谈、被听课看课都不是一件新鲜事儿，学校每个学期都要完成很多来自各级教育行政部门、政府部门，甚至卫生或物价部门等机构的调查，由于这些调查不可避免地带有一种行政审查的意味，学校有时不得不想办法得到一个"高分"，因此数据的真实性常常难以保证。但对于学校诊断来讲，如果收集的数据是"掺了水分"的假数据，那么无论前期"物质上"的准备多么充分，学校诊断都一定是无效的。因此，学校如果想要在评估、调查众多的评估时代大背景下听到师生们的真实心声，并持续保持诊断数据的真实性，那么需要在组织实施的细节上下功夫。通过实践探索，我们觉得有以下几点值得注意。

（一）重视并做好诊断前的动员工作

要根据学校的传统与特色，采取不同的形式，重视并做好诊断前的动员工作，打消师生可能有的顾虑，减少误解，尽量赢得师生的信任、支持与配合。

首先，要让师生们清晰地认识到学校诊断的意义，以及诊断对于促进学校发展、提高个人学校生活质量的重要价值；其次，需要强调和解释诊断数据的保密性原则，打消师生的顾虑，如原始数据只由第三方专业评估团队持有并处理，学校任何人均无法看到个人的原始填答数据等；再次，需要郑重说明学校将如何使用诊断数据，承诺不用于与个体相关的评价，并会认真对待师生们反映的问题和意见；最后，真诚表达学校诊断中对师生们真实感受和数据的渴求，并清楚说明师生们在其中要做的简单而不烦琐的具体工作是什么，将在什么时段占用大约多长的个人时间等。

这样的动员是获得师生们对诊断信任和支持的基础，也是在诊断工具共识达成后，以诊断推动学校内部有效沟通的很好延续。也有学校把这个环节和诊断工具的共识达成环节自然地衔接在一起，效果也很不错。

（二）为师生的真实表达创设方便、安全的渠道

在推进无纸化办公、互联网＋教育、大数据的时代背景下，我们惯常使用的纸质调查问卷的弊端也越加凸显，如需要专门人员进行集中施测，收集回的问卷无法再次利用造成纸张浪费，需要再花费大量时间和人力进行专门的数据录入等。与此同时，虽然网络上也有一些问卷调查工具可以免费试用，但将学校的信息放在互联

网上，安全性往往无法保证，同时，通常无法完成一些需要匹配师生对应关系信息的复杂问卷设计。

因此，搭建专有的诊断数据收集与分析系统，可实现在某一时段内，诊断者自由选择电脑端或者平板电脑、手机等移动端进行答题，随时随地完成诊断数据提交，这种线上测试、线下诊断结果反馈的方式，不仅能够大大解放学校诊断的组织压力和工作量，而且师生们能利用个人的碎片化时间完成答题，显然对于诊断者个人来说更加方便和安全，也使得诊断真正实现常态化实施。

一些需要事先进行信息对应匹配的诊断，也可以针对不同诊断角色实现问卷题目设计的精准化，如教育教学诊断中，每一个学生登录后只显示自己的任课教师和课程，这在走班选课的学校显得尤为重要。此外，一些简单的数据分析与图表生成功能，也可以通过系统的自动化计算实现，大大缩减了数据处理和基础分析的时间与人力投入，对于诊断组织者来说也更加便捷。而且，这样的专门系统还可以在每次进行完诊断的某一项目后，将收集到的数据、过程性的信息、填答对象背景信息等进行保存，以便与后期收集到的数据进行对比分析，形成诊断—改进—再诊断的良性循环。

教育信息化的快速发展正在逐渐改变教育的生态，借助于电子系统，在增强数据收集专业性和有效性的同时，也能让学校诊断利益相关者节省出更多的时间深入学校进行课堂观察、访谈等工作，以对学校有更为全面的了解。

从另一个角度来看，学校也应在管理过程中规范学校的各类问卷、调查行为，避免多处、多头搞调查或发问卷而引起师生的答卷疲劳，让学校诊断能在学校中常态化、周期性地有效进行。同时，不同诊断项目对于周期的敏感性和要求并不相同。例如基础诊断，每学年进行一次是其最佳周期，而且随着学校以诊促改进程的推进，三到四年以后，甚至可以考虑每两学年进行一次，为后期改进的难点问题留出更充分的时间；而对于关注到每个教师的教育教学专项诊断，则最好每学期都进行，以帮助教师随时进行调整，形成持续的教育教学改进的柔性氛围。

以北京十一学校为例，经学校诊断中心和第三方专业评估团队的共同研究和逐步探索后发现，即便完善了诊断体系，丰富了诊断项目，但通过整合调整后，仍能将原来每学年会进行四次的诊断调整为每学年两至三次，而且部分诊断项目在参与诊断学生数不影响统计推断科学性的基础上可选择性地进行学生抽样，选取具有代表性的学生样本来完成诊断数据的采集。除保留最重要的教育教学诊断每学期期中进行一次外，其他项目均每学年或每两学年诊断一次。同时在诊断流程实施上，寻求技术上的解决方案，建设学校诊断实施和分析平台。该平台能关联学校选课平台，使得在诊断答题过程中，学生的一些基本信息无需再让学生另行填写。能做的若干诊断准备工作，学校诊断组都会尽可能地提前完成，形成规范，几乎避免了学校其他部门在诊断前收集学校各类信息的工作量。在诊断平台的建设上也不断优化用户体验，呈现在诊断参与者面前的问卷编排经过科学设计，在保持有效性的基础上便于学生填答，平均每次诊断学生仅需要 5 ~ 10 分钟即可完成。而且，因在诊断平台关联和内置了学生选课、学校组织结构等基本信息，植入研发的各级数据分析报表模板和算法后，一旦诊断数据采集完成，即可得出初步的数据反馈和分析报告，后期经过学校诊断组与第三方专业评估团队共同的人工审核研判、补充，就能在一周时间内形成给学校、各组织部门、个人的全方位报告。各类报告通过系统自动发送到对应人员的工作邮箱，实现点对点、"背对背"地反馈。

（三）建立诊断直达学生的通道

通过选取学生诊断专员直接参与学校诊断工作，建立诊断直达学生的通道，在提高诊断效率的同时，借此培养学生参与学校发展的意识和能力。

选取学生诊断专员，就是从学生中挑选出来一些有威望的代表，直接参与学校的诊断工作。由于学生同辈群体交往频繁，彼此间有着很大的影响，信息沟通更为便捷、有效，因此，设立学生诊断专员，与诊断组教师直接对接诊断信息，在一定程度上可以减少传统的面向学生工作的由诊断组到年级负责人再到班主任一级一级往下传递过程中的信息衰减，也更容易赢得学生的信任和支持。让诊断直达学生，倾听学生的真实心声，有利于诊断文化的形成。

同时，设立学生诊断专员可以让更多的学生认识诊断、理解诊断，真正作为学校的主人翁，参与学校民主管理的过程，参与优化学校管理的过程，为学校建言献策。这些学生不仅通过诊断的平台提升了自身的能力和素质，也会非常积极、主动地在同学中传播诊断的意义，协助诊断的有效进行。

一般来说，学生诊断专员会在以下方面发挥出教师也难以替代的作用。

第一，他们会在正确理解诊断及其意义的基础上，在同学之间起到宣传诊断的意义及正能量的作用。

第二，在诊断数据采集过程中，他们会积极想办法动员身边同学，及时关注答题进度，更有效地适当提醒未完成的同学尽快完成诊断。

第三，他们会及时地向诊断组教师反馈诊断过程中出现的任何问题，以及日常获取到的同学们对诊断的相关感受和建议。

基于学生发展的学校诊断中学生一定是诊断的重要主体，他们是否愿意说出心声和想法对于诊断的成效大小至关重要。而通过我们与学生的大量访谈发现，学生能否在诊断中提供真实信息，最关键的一点是，他们是否相信"我写的这些学校真的会看，会听，会用"。这就需要通过诊断动员、诊断实施、结果反馈、改进措施公示并接受监督等方式，建立诊断直达学生的通道，让他们看到诊断的实际作用的发挥。同时，让学生在诊断过程中主动参与进来，也是促使他们生动有效地参与学校管理，从而提升自主发展能力的绝佳途径。在我们的一些项目学校中，每个年级都有学生诊断专员，这些学生不仅通过诊断的平台提升了自身的能力和素质，而且会非常积极、主动地在同学中传播诊断的意义，协助诊断的有效进行。

下面仅举其中一个学校的真实案例，以供大家参考。

在诊断中建立与学生之间的纽带

北京亦庄实验中学诊断组

2016 年 9 月，北京亦庄实验中学正式开学，迎来了首批 269 名初一新生。诊断在新学校是一项全新的事物：学生之前没有经历过，除了部分在北京十一学校顶岗实习过的教职工外，大部分新教师也没有经历过。如何让专业评估深入师生的内心，特别是让诊断深入学生的内心，让诊断数据讲出学生的真实想法，是我们要建立的诊断文化中的一项重要内容。参考第三方专业评估团队的建议和其他学校的经验，我们在 2017 年春季学期尝试探索了诊断专员模式，在各导师班选取了导师班的诊断专员。与大家分享一些我们的具体做法。

在教育教学诊断之前，我们在各导师班导师会上发布通知，选取"校级诊断专员"，并赋予相应的学分，以鼓励学生报名。所有诊断专员与诊断组教师在一个微

信群，方便随时沟通，也方便诊断专员之间的交流。（图4-2）

教育教学诊断说明会

　　各导师班选出一个人气最高、责任心极强的同学作为校级诊断专员，协助诊断组老师工作，并有机会参与优化诊断工作。

　　校级诊断专员属学校自主管理学院岗位。完成相关工作后，每学期可获得0.3学分。

　　请选出来的校级诊断专员下课后到404室扫码入群。

图4-2　校级诊断专员选取说明

1. 协助督促同学完成诊断答题

　　诊断专员首要的工作，即督促导师班同学答题。在诊断开放答题期间，诊断组的教师每天定时查看各导师班的答题率并截图，形成各导师班互相比拼的气氛，最终教育教学诊断答题率为97.8%，可见同伴督促的力量还是很强大的。

　　第二次关于学生在校情况的诊断，诊断组的教师增加了"棒棒糖激励"（每天答题率前三名的班级有奖，班级同学全部完成答卷有奖），诊断专员在已经熟悉督促答题工作的基础上，更有干劲儿了。一些专员也探索出一套督促答题的小秘诀，有的班级甚至在诊断开始的第二天就让所有同学完成了答卷，效率之高超乎我们的想象。在开放答卷的过程中，答题速度快的班级还会把自己督促同学们答题的技巧拿出来分享，学生找到的方法往往更加贴合他们的实际情况，督促答题的效果也更好。这一点也可以从第二次诊断的学生答题率(98.5%)看出来。

2. 加强诊断组与学生之间的联系，渗透诊断文化

　　除了督促答题，诊断专员还能够反映大家在答题过程中遇到的实际问题，如无法登录、答题需输入诊断码等。学生的问题直接反映到诊断组，诊断组直接处理，提高了处理效率。同时，在与诊断专员交流的过程中，我们还宣传了诊断在学校工作中的地位、做工作需要坚持的原则等，以诊断专员带动全体学生，提高学生对诊断的认同，加深对诊断的认识。

3. 给学生提供诊断结果的反馈

通常，每次诊断后的结果只在学校、年级层面进行反馈，作为答题主体的学生往往看不到诊断的结果，学校如何利用诊断数据，学生也无法快速、直观地看到。为此，我们尝试拿出部分第三方专业诊断团队给学校的诊断反馈结果，结合学生的需求，制作成给学生的诊断反馈报告，并通过诊断专员发布，让学生知道我们会非常认真地聆听他们的想法。

图4-3 基本信息与主观留言标签云

首先，我们公布了诊断数据采集方面的基本信息、主观留言标签云等，同时对于留言数有下降趋势的现象进行了引导，希望学生多多反馈自己的感受。（图4-3）

接着，我们解读了诊断数据的变化，让学生真正感受到学校利用了相关数据，并进行了及时的调整。相信学生看到他们的作答内容转化成学校的实际行动之后，会更加积极认真地对待诊断，诊断采集的数据也会更加接近学生真实的状态。

此外，我们还公布了学生最喜爱的活动与场所调查结果，并作了一些有趣的解读。学生能够在反馈结果中找到自己选择过的选项，增强对诊断的认同。（图4-4）

同时，我们还对诊断过程中发现的问题进行了适当的梳理。比如在拿到同伴欺负专项诊断的结果后，我们发现学生之间的言语欺负现象问题比较突出，利用诊断反馈正好可以提醒学生注意言行，配合导师多方面对学生进行引导。（图4-5）

在反馈报告的最后，我们强调了诊断的地位与作用，让学生了解诊断、重视诊断，努力让诊断反映出学生最真实的感受。（图4-6）

§ 学生在校情况调查结果反馈

2.最喜爱的活动调查

你们都有一颗向往世界的心……

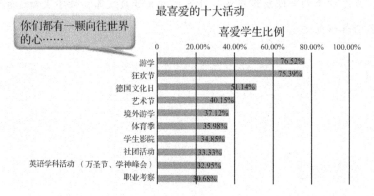

§ 学生在校情况调查结果反馈

3.最喜爱的场所调查

热爱美食的同学果然是战无不胜的……

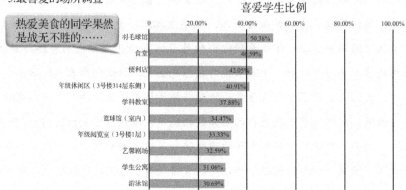

图 4-4　学生最喜欢的活动与场所调查结果反馈

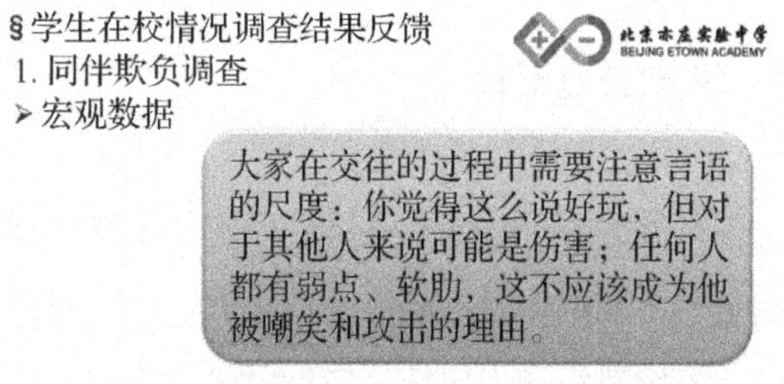

§学生在校情况调查结果反馈
1. 同伴欺负调查
➢宏观数据
北京亦庄实验中学
BEIJING ETOWN ACADEMY
大家在交往的过程中需要注意言语的尺度：你觉得这么说好玩，但对于其他人来说可能是伤害；任何人都有弱点、软肋，这不应该成为他被嘲笑和攻击的理由。

图 4-5 同伴欺负调查结果反馈

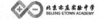

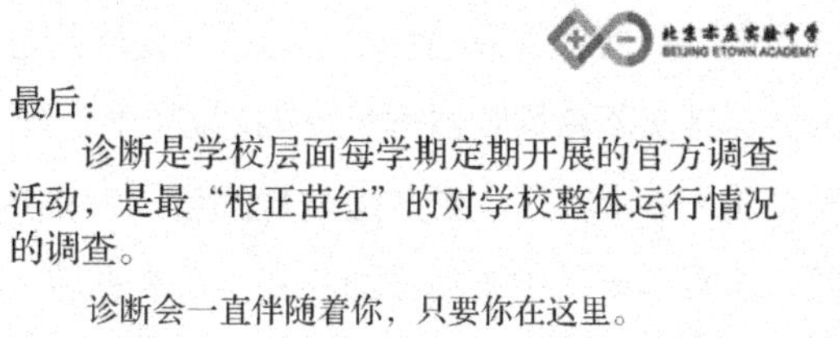

北京亦庄实验中学
BEIJING ETOWN ACADEMY
最后：
诊断是学校层面每学期定期开展的官方调查活动，是最“根正苗红”的对学校整体运行情况的调查。
诊断会一直伴随着你，只要你在这里。

图 4-6 对诊断的地位与作用的强调

一个组织或个体，只有不断思考与改进，才能够持续成长，而诊断就是能够帮助我们探测思考与改进方向的工具。在教育逐渐演变成为服务业的今天，学生对课程、教学的看法变得尤为重要。建立与学生之间的纽带，才能够贴近学生真正的需求，而我们也会在改进的路上继续前进。

当然，正像这篇来自学校诊断组的文章中提到的那样，要获得师生们的基本信任，除了在动员和组织环节上下力气以外，还一定要设立诊断后改进的反馈机制，让师生们真正看到诊断的效果，了解到学校改进的信心、决心和行动。只有当他们亲眼看到、亲身感受到诊断带来的学校变化，他们反映、关心的问题的改进后，他们才会建立起对诊断的真正信任，诊断文化才会开始在师生心中生根、开花。

四、研析数据，纵横交互对比

经过前期准备，在充分沟通中达成了共识、确定了工具，通过认真动员和精心组织，采集到了来自全校不同群体及不同层面的全面、真实数据，接下来，需要第三方专业评估团队和学校诊断组通力协作完成的就是数据的分析和挖掘了。我们认为，根据我国基础教育阶段学校人员的基本专业构成，这一环节的完成者应该以第三方专业评估团队为主，而学校核心管理层和学校诊断组可以根据学校的自身情况提出具体想法、需求和建议，最后，双方共同完成对数据结果的研读和分析。

一些学校在尝试开展类似的自我评估活动时，往往会感到这一环节通常是学校自身难以有效完成的。这其实不单纯是数理统计的问题（学校里有很高水平的数学老师，一般的统计问题难不倒他们），更多是教育测量与评估的专业视角和技术、经验积累方面的问题，这看似不是中小学教师的专业发展领域。实际上，在一般的学校诊断中，由于数据的复杂性并不是很高，同时需要通过诊断数据解析的问题也不是特别艰深，大多用不上难度高的测量或统计模型，即便需要使用一些现代测量模型或统计技术，通过专门的统计测量软件大多也可以较容易地实现。因此，只要在学校诊断的实践中不断积累经验、勤于思考，即使是普通的一线教师也会发现，这里的基本逻辑其实很简单：所有的统计分析结果其实都是通过对比呈现的，而对比又不外乎纵比（多指自身发展变化的纵向对比）和横比（多指与其他群体的横向对比）、与绝对值比和与相对值比。所以说，有效的诊断数据分析，离不开纵横交互对比的基本法则。

那么，在学校诊断的数据研析中，最常用的对比方法有哪些呢？我们这里为大家呈现最常用也是比较有效的几种，希望可以提供参考。

（一）数据分析方法示例1：指数算法

指数作为一个非常适用的统计工具，具有将复杂现象简单化的突出特点，并且能够反映事物的相对综合变动情况。① 同时，它采用百分制的形式，能够简明直观地为一线教育管理者所接受和使用，很容易体现与满分 100.00 分这一绝对标准相比较的结果。我们在学校诊断过程中，首先，通过确定要素与建立指标体系、无量纲化、确定权重和合成指数四个步骤，可以实现学校诊断八大核心要素指数的计算。② 指数值的高低可以直观地反映出学校在这八大要素上的具体表现情况，清晰呈现相对强弱项。

其次，通过指数等级的计算，还可以帮助学校感知在同类学校群体中自身各要素的相对位置状况，获得与相对标准比较后的结果。指数等级的计算采用常用的 $E \pm 2\sigma$（E 为均值，σ 为标准差）确定临界值的方法进行评级，即以均值为中心点，选取正负 2σ 的范围，将指数值划分为六个等级：A＋＋，A＋，A，B＋＋，B＋，B。需要说明的是，由于指数等级的临界值和划分范围是相对的，因此，最后的结果会根据所有参测学校的实际发展状况和需求进行修正。

实践表明，通过指数算法，我们可以很好地实现学校诊断的综合性和自我辨别性的要求，判断学校在核心要素上的目标达成度，其中既包括学校在各要素上的具体表现情况，也包括自身各要素在同类学校群体中的相对位置状况。

以某学校某年度基础诊断的指数结果为例。图 4-7 显示的是其八要素指数值及等级表现。首先，该学校八大要素的指数值分布在 79.33 分至 92.40 分。相对于学校自身其他要素来说，学校在"教学"要素上表现最好，在"安全"要素上表现相对较差。其次，该学校的指数等级分布跨越了四个等级，从 B＋ 到 A＋。与其他同类学校相比，该学校目前在与学校专业核心业务教学相关的三个要素"教师""课程""教学"上表现优秀，达到了 A＋ 水平；同时在学校为师生提供的资源配置与支持上也得到了学生较为一致的认可，"资源"要素也达到 A＋ 水平。但在"安全"要素上表现相对较差，应值得学校关注，仅处于 B＋ 水平，表明学生感受到校园中存在一些不安全的因素或同伴欺负行为。

① 邱东：《指数那讨人喜欢的秉性》，载《中国统计》，2009（10）。
② NUEPA，"Educational Development Index：A Suggestive Framework for Computation," http：//www.dise.in/Downloads/suggestive-framework-for_EDI-compution%202009，2019-07-29；DISE，"Educational Development Index," http：//www.dise.in/Downloads/Publications/Publications%202007-08/AR0708/Teacher%20Related%20Indicators%20&%20EDI，2019-07-29.

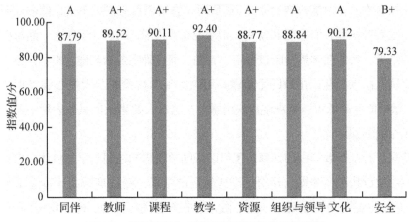

图4-7 某学校某年度基础诊断指数结果示意图

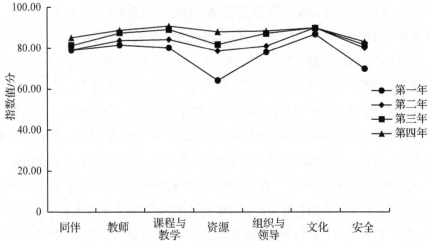

图4-8 北京十一学校某阶段四年中各要素指数值图①

此外，指数算法不仅能把同一次诊断中不同要素的结果转化在同一量尺下呈现，而且还能更为准确地进行跨年度的纵向比较，以记录学校发展的轨迹，更清晰地明确改进的方向、着力点和策略。以图4-8为例，它显示了北京十一学校某阶段四年中各核心要素上的指数结果。第一年，在走班选课之前，"资源"要素的指数值处于非常明显的低谷，因为那时候的资源对学生的支持不够，物理仪器在物理实

———————————

① 由于第一年的诊断中"课程与教学"为一个要素，因此，为保证对比的科学性，后续仍将其作为一个要素进行追踪对比。

验室，化学仪器在化学实验室，地理标本在仓库……而正是因为学校在实行走班选课以后，以资源的改革为推动点，推进了学校学科教室建设，该要素的指数值才得以显著增长。这张图是真实记录了北京十一学校系统改革的"爬坡图"，也正是从这张图的要素变化中，学校才有意识地调整了每一步改进的着力点和决策方向。

（二）数据分析方法示例2：交互验证

我们在本书开篇就讨论过，学校诊断的目的之一就是帮助管理者获取组织中不同角色群体对于组织感受的全面信息，帮助降低冰山效应可能带来的管理风险。因此，采集来源于学生、教师、管理者等不同学校利益相关者的数据，进行交互验证的方法是学校诊断中最为常用的数据分析法之一。一般而言，同一观测点上不同角色间感知差异越大的地方，往往越是组织问题的症结和突破口所在。

比如，我们在基础诊断下通过为各要素设置共同题的方式，进行了学生、教师和管理者的三角互证分析。（见图4-9）从分值和标准差的差异可以发现，该学校"教师"要素是三者认知差异最大的地方，教师对自己与学生的关系融洽认可度较高，管理者则还不太满意；而"课程"要素是该学校三者认知差异最小的地方，三者对学校课程有一致的较高认可度。

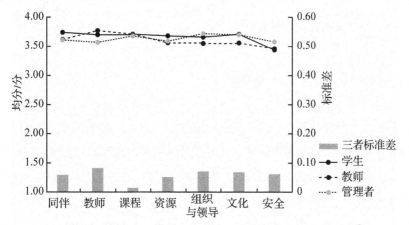

图4-9　某学校学生、教师、管理者在各要素上的交互对比图①

---

① "教学"要素教师和管理者未测查，故不作比较。

（三）数据分析方法示例 3：追踪分析

连续性、周期性是学校诊断区分于其他一般学校评估的重要特点。随着诊断的持续进行，当同一诊断项目积累了多次数据后，我们就可以进行一定的趋势探索和追踪分析，这对于深入分析学校优势或问题有着独特的价值，尤其对于学校决策的判断特别重要。例如，通过对学校服务资源的持续追踪分析，结果表明，从 2014年到 2017 年，该学校服务性部门的工作取得了持续改进的效果。（见图 4-10）

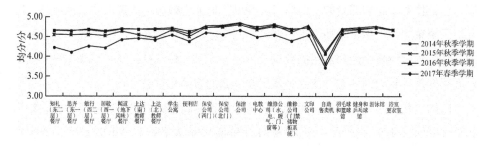

图 4-10　某学校外聘服务资源诊断与改进效果四年追踪图

当每个学校通过持续诊断形成自己的大数据时，基于实证的学校改进和决策就不再仅仅是一种理想。当拥有这些真实而宝贵的数据时，每个学校就能立足于教育的现场，发现促进自身不断进步和发展的"金矿"。

五、结果解读，分层分类沟通

结果使用是学校诊断一轮完整闭环中最终显示功效的重要环节，应该说，许多学校评估活动之所以最终流于形式，正是因为缺失了对该环节的重视。用通俗的话来讲，"只诊不用"，就像病人只找医生看病、开方，却不抓药，更不治疗一样，最终是无效的。

学校诊断作为基于内需式改进的自我评估活动，其最初目的就是发现问题、改进问题。按道理，这种内驱力下的评估活动，其结果是最不容易被束之高阁的，那么，哪些因素会影响其结果的有效使用呢？其中一些值得关注的原则和策略我们将在下一章专门讨论。这里，先着重讨论一下，如何将结果进行有效解读，将诊断反映出的重要信息传递下去。

可以说，这一环节之前，所有工作都是诊断本身应该完成的；这一环节之后，以诊促改才开始，改进将成为主体。或者说，这一环节之前，学校诊断组和第三方专业评估团队都是执行的主体；这一环节之后，学校内各相关责任方就成为改进的主体了。所以，我们也可以理解为，这一环节的重要功能就是成功地实现责任主体的转换。因此，可以想见，学校诊断组成员在这一环节中，主要的工作就是沟通。

那么，这个以沟通为主的环节中，有哪些关键的策略和方法呢？

（一）高度重视结果解读的重要性

对诊断结果解读的重要性要高度重视。

这句话乍一看像一句废话，尤其是放在本章节，似乎更是同义循环。但实际上，根据我们的经验和观察，很多学校正是因为缺失了这个特别重要的认识，而一次次错过，甚至错用了以诊促改的机会。可以说，如何解读诊断结果在很大程度上决定着学校诊断的实际效果，甚至决定着学校诊断能否在学校里持续开展。在这个过程中，学校诊断组、第三方专业评估团队与学校核心管理层需要一起进行精心的设计和周全的考虑，达成一致意见后，分头实施。其中有两点基本原则需特别注意。

第一，所有诊断结果一定不是同等程度地面向学校所有利益相关者敞开的，而应根据诊断内容的不同，分不同层面、不同范围、不同侧重点进行解读与反馈。例如，如果是主要涉及学校组织管理层面、为学校组织决策提供信息的基础诊断，那么可以先向学校核心管理层进行反馈，再根据学校情况共同设计对中层干部的反馈；而如果是面对每位教师的教育教学诊断，那么需要分别对学校核心管理层，中层干部（包括年级负责人、教研组负责人），全体教师逐层反馈和解读不同重点、不同内容的结果。

换个逻辑来看，这个原则也是指，不同的学校利益相关者需要被解读的是不同重点、不同呈现逻辑，甚至不同侧重点内容的诊断结果。比如，学校基础诊断的总体结果、教育教学诊断的年级和学科差异、处室诊断的总体结果等，一定不是普通教师关心，也不需要向他们专门解读的结果；而所有面向个体提供的诊断结果，包括处室主任、教研组长以及班主任、教师个人的诊断结果则一定只是面向他们自己的。

第二，结果解读和使用过程中要始终以改进为基本目的，避免使之成为高利害的手段。当面临利害关系时，诊断就会不可避免地变成另一种评价手段，这将使我们失去以诊断促改的途径，也让我们难以再得到真实的信息。因此，在结果解读、反馈以及后续的使用过程中，学校需要清晰、明确地将诊断和评价的功能分开，避免对教师产生高利害关系，避免学生和教师产生对学校诊断工作的误解。在学校师生中强调"以诊断发现问题，以诊断促进学校工作改进"的目标，保持诊断的常态化，拒绝贴标签，与一切高利害关系不直接挂钩是建设可持续的学校诊断氛围和文化的重要原则。

（二）结果解读是一个过程而不是一次活动

诊断结果的解读一定要通过不同形式展开，要明白任何一次诊断结果的解读都不是通过一次会议或谈话就能完成的活动，而是一个持续时间长短不一的过程。

作为促进者朋友的第三方专业评估团队应该是全程参与学校的诊断过程的，尤其在结果解读环节，其无论从专业优势还是位置优势上都容易占主导地位，学校往往也愿意在结果"新鲜出炉"时，第一时间倾听他们对于诊断结果的解读意见和建议，这样的活动常常会以比较正式的诊断结果解读会议的形式举行。解读会上，学校出于对诊断结果的重视，常常希望尽量多的干部和教师能够参与听会，因此，解读会很容易就成了第三方专业评估团队对诊断结果的宣讲会。应该说，在学校诊断开展的初期阶段，这样的解读会甚至宣讲会，对学校在更大范围内传播诊断的价值和理念，并借助第三方专业评估团队的力量体现学校进一步改进的勇气和信心，是很有帮助的。但是，学校应该特别清楚的是，这只是结果解读的一种形式，甚至只是一个步骤而已。如果诊断结果的解读起步于此，却又满足于此的话，那么，学校诊断也就止步于此了。

现实中这样的情况真的不少见：在由第三方专业评估团队主导的结果解读会上，学校干部和教师们既感新奇，也有兴奋，不能不说也很受启发。但是，如果一旦第三方促进者朋友离开学校，对于结果的讨论和交流也就结束了的话，那么无论诊断得到的信息多么全面、真实、客观，它们也只是被束之高阁的"塑料花"——好看而不中用了。只有从促进者朋友中立立场的解读开始，更多进行校内人员的讨论、沟通，重在寻找问题原因，并发现优势或经验所在，最终结合日常工作的推进，实现问题的解决和结果的落实，这样的结果解读才是有意义和完整的。

也有的学校喜欢在解读会后将结果进行直接的拆解，然后分工给不同的责任人，分别进行各种谈话，以此将结果落实下去。这样做的结果很容易让教职工们形成"诊断就是领导拿到结果后会找我们谈话的活动"的印象，它和只通过会议的方式传递结果的效果一样，不可能理想。

其实，解读结果的过程就是有效的沟通过程。若沟通的目的就是"要找你解决问题"，结果往往会收效甚微，甚至适得其反，因为当摆出一副"我要告诉你""我们谈一谈"的姿态时，听者的心里很容易竖起一道拒绝的墙；而当"我们一起来聊聊你关心的跟你有关的事情"时，聊天的双方才会架起心灵互通的桥梁，一切有效的信息传递都是从心灵的打开开始的。

所以说，结果解读就是一个沟通"我们如何理解这里的信息，我认为的是否也是你认为的"的过程，这个过程的长短取决于双方对沟通内容的理解是否对称。如果双方的理解比较对称，那么这个过程也许很短；如果不太对称，那么也许需要多次讨论才能最终达成一致的看法。

归根结底，这也是学校中其他工作的主要过程，因为学校终究是一个服务于学生发展、教师成长的地方，是一个一直以与人的沟通为主要发展形式的地方。所以说，诊断结果的解读也必将与学校的各项日常工作密切结合，绝不是一次会议或一次谈话就能完成的活动。

（三）多主体的结果解读

因诊断项目的内容、目的以及解读对象群体的不同，诊断结果解读的主体应有所不同，学校诊断组并不一定要"冲"在所有结果解读的"前面"。

学校诊断组作为诊断在学校的具体实施和推进者，通常也是每次诊断结果的第一知情人。但是，知情人不一定是最合适的解读者。这个道理放在本段文字中的时候似乎很容易理解，然而，在具体实践中，由于"谁负责谁落实"的工作习惯，学校管理层很容易就将解读的任务指派给了学校诊断组，尤其当负责学校教育教学的副校长是学校诊断组组长时，这样的情况更容易发生。

更好的思路和策略是，根据诊断项目的具体内容，在第三方专业评估团队、学校诊断组和核心管理层一起将诊断的主要结果进行专门研读后，根据诊断项目内容中所涉的不同责任主体，将下一步的结果解读权限下放给该责任主体日常工作中最常接触的负责人。这时，自然而然地，学校诊断组的组长、核心干部或骨干教师会比较多地卷入其中，但是，他们不是代表诊断组在进行结果解读，而是作为该责任主体的对应工作负责人进行结果解读。强调这个必要的权限下放过程是因为，学校诊断组虽然是学校诊断的实施主体，但他们一定不是基于诊断的改进主体。改进主体一定是每个责任个体或群体，否则，真正的改进不会发生。举个例子，处室诊断是各学校比较常用的专项诊断，该项诊断的目的是通过全校教职工的视角诊断学校里各处室为学校教育教学工作服务的态度、行为和质量，以及各处室的内部建设情况等。处室诊断的结果既包含各处室内部职工对处室负责人领导力、处室氛围与组织效率等的诊断结果，也包含处室以外全校其他教职工对每个处室服务工作效果的诊断，这些结果对学校各处室负责人改进工作以及各处室提升服务工作的效益都很有参考价值。那么，这样的诊断结果，根据学校的具体实情，可能不仅需要校长作为全校工作的总负责人面向所有处室主任作统一解读，而且还需要不同工作的分管干部在各处室内部与其教职工再进行沟通和讨论。

这里需要强调的是，分层解读的链条不可太长，最好不要超过三层（包含第三方专业评估团队、学校诊断组和核心管理层一起研读这一层在内。因此，实际需要分层传递的最好不超过两层。如果需要，可以把相关负责人纳入共同研读的第一层中，以减少不必要的多余传递可能造成的信息误差）。因为众所周知，信息在逐层传递的过程中，被误传、被误解的概率一定会增加。

（四）有些结果"不解读"也是一种解读

还有一点也要特别注意：不是所有的诊断结果都要解读。学校诊断是一个持续的周期性过程，因此，有时某个结果即便真实、客观，也需要等待、观察、验证。学生的发展也是一个伴随着自然成熟的过程，教师的成长也是在陪伴这一过程中发生的，有些过程必然需要一定时间的持续才能完成。而每一次诊断只是某一个时间节点上某个层面的学校状态，而且，有的时候，诊断结果对于这个自然状态的发生发展还有一定的滞后性，所以，有些诊断结果看起来有问题，但是，也许真实的教育过程已经在往前发展。这时，也许可以暂时放下看起来不太好的结果，等待教育过程的自然发展，也许，下一次诊断结束，一切问题已经解决了。比如，有时可能由于诊断时机的不甚凑巧，某个年级在经历某次特殊事件的过程中采集了诊断数据，结果发现从某个与此次事件相关的观测点的诊断结果上来看，年级学生和教师的感知都不太好。这样的结果出来，也许不需要专门沟通，等待特殊事件自身解决的过程完成后，问题也就自然解决了。

这也是我们一直强调的"要重视诊断，但不唯诊断"的一个含义吧。

本节的末尾，我们想通过一位一线优秀教研组长对他自己解读教育教学诊断结果的所思、所做和所获，以期和各位读者分享怎样才是一个有效的结果沟通过程！

教育教学诊断数据的解读与改进

史建筑

有一句话我觉得是适用于每个参与诊断的学校的：相信诊断，不唯诊断，从一个不同的、自己看不见的视角来"看见"自己。关键就在于，我们该怎样看见自己。诊断结果从来不是评价教师的唯一标准，只是让我们在教育教学过程当中，不断地提醒自己，借助多个维度的结果帮助我们做好这个工作。

对待诊断结果时，首先，我们不需要抵触，因为它不是要给我们划出三六九等。其次，应该感谢这样的诊断数据，之前笼统的评价我们见得太多了，我们需要的正是这种特别量化的数据结果，不然我们可能真的会"看不见"自己。

那么，诊断数据有哪些作用？

第一，为教师专业定位提供依据。通过诊断数据，我可以看到我目前的情况怎么样。原先笼统地评价一个教师的情况有这样几种专业定位：一种是学生喜欢，教学效果好；一种是师生关系一般，但是教学效果不错；一种是师生关系不错，但教学效果一般；还有一种是两方面都一般。学校里特别优秀的教师有可能两个方面都不错，但是这种"都不错"，到底是大体的描述，还是能够分得特别清晰呢？举个例子，学生对某位教师的专业素养特别钦佩，打的分特别高，但是接下来这位教师的课堂效果得分偏低，那么从这里我们可以判断，这位教师的课假如在高校里面，以讲座的性质呈现，可能是好教师的课。但是在基础教育阶段，除了学术水平要保证之外，教师还得研究这个阶段的师生关系该怎么建立。所以，我个人感觉，诊断数据会为教师的专业定位提供依据。

第二，为教师查找问题提供帮助。问题就是我们的短板，有的时候我们大体上知道自身的情况可能是怎样的，但是不准确，不准确就没法介入，特别是有针对性地介入。

第三，为教师的发展转型厘清方向。通过诊断数据，我们可以看到自己接下来朝哪个方向发展。比如说，某位教师的师生关系很融洽，但是学生对其学术素养的评价不是太高。而现在，只要想学习，渠道多得是，通过去听其他教师的课、去高校听课，阅读水平等都会不断提高。因此，通过多种途径提高学术素养就是这位教师接下来可能的发展方向。

第四，为改善师生关系提供动力。亲其师，信其道。没有不错的师生关系作保障，基础教育阶段的好多东西都难以实现。举个生活中的例子，如果我对某个人不感兴趣，那么我们两个在交往的过程中，沟通的效果就会大打折扣。对于几乎天天在一起的师生来说，这个关系就更重要了。

总之，教育教学诊断能够促使教师自我审视，自我定位，自我改善，自我突破。为什么更多地突出自我呢？因为这个数据带有一定的私密性，自己知道就可以了，不是用来评比的。比如说，知道我们年级的均分大约是多少、我的均分是多少、某学科的均分大约是多少、我的得分是多少，而不会知道其他人的数据。通过这种方式，教师可以慢慢完成自我的审视和进步。

在面对诊断数据的时候，我们应该关注哪些内容？诊断反映出来的问题大致可以分为两类：一类是我们的团体都出现的共性问题，另一类则是关于个体的个性化问题。针对这两类值得关注的问题，我们或许可以从以下的角度入手。

首先是共性的问题。

我们的课堂上发生了什么？通过诊断，我们就能看到一位教师的课堂上发生了什么，其中有哪些共性的问题。若各位组长、主任到课堂上看看，会发现，学生写出来的数据跟你长时间慢慢去深入课堂、去听课的结果是一致的。

我们个别化教育的落点怎样？十几项诊断指标里面，有几项专门指向个别化教育，尤其是现在，我们的小班额、选课走班等措施都为个别化教育的落地提供了前提，所以现在到了真正应该研究它的时候了。当年，我读书时所在的班级里有六七十个学生，复读班里的学生更是达到了八十多人，他们的课桌跟讲桌是排在一块的。很多教师都有这样的教学经历。那个时候谈个别化教育还是一种理想，现在个别化教育就在我们身边，我们能看到学生在不同的情况下，对我们的需求也不同。

其次是个性化的问题。

如何理解教育过程的实质？对于教育过程的实质，我个人没有借鉴特别多的理论，只是基于这么多年的思考，得出教学过程的实质就是师生的交往互动的结论。从这个角度来讲，教师从头到尾满堂灌，可能就是没有把握住教学过程的实质。有的教师说："我灌得不错，我灌得比别人灌得好。"那这样的话，咱们不妨再换其他的思路：假如把这些灌的知识融入一种互动、体验中，是不是效果还要好？有时候教师对于教学过程实质的把握不到位，可能就会影响诊断数据结果。在课堂上，学生没有获得体验，没有感觉到教师对他的关注等，教师只有灌输、预设，基本没有生成，就可能导致这种情况的发生。

如何处理人际关系、师生关系？师生关系偏差一点的教师，常常人际关系也不是特别好。当然，成人之间不会动不动有这种诊断，但是总体会有一种印象。也有的教师不是这样的，我们可能会感觉这位教师比较内向，不太擅长与人接触，但是进了他的课堂，却发现他师生关系处理得很好。

提升个人魅力素养的路径有哪些？有一个指标是学生评价某位教师是否是其最喜欢的教师之一。所谓学生喜欢，我个人感觉所教学科占一方面，其他的因素占一方面，比如说教师做人做事的原则可能就特别重要。举个例子，高三学生会有很多优秀高校给予的校荐机会，我们就会让学生知道校荐是怎么将某些同学推荐出去的，我们做人做事的原则要告诉学生，即使是学生自己按这个标准操作，推荐出来的同学也是这些人。也就是说，公正，客观，一视同仁。课堂、学部、学校都应该充满这种文化。

此外，一个人的人格魅力和学养魅力怎样慢慢提高，才能让学生在学科中真正有一些进步？有的教师在提升个人魅力素养的路径当中，可能做得有些肤浅。比如说有的教师，别的项目表现得都很好，但是在教师幽默风趣这一项得分较低，于是他也就觉得自己不太幽默，一个劲儿地在课堂上追求幽默，但是脱离了其他的东西，只追求幽默，最后只会弄巧成拙，所以到下学期这一项的得分比上学期还低。也有一类教师，平常大家真的没感觉他幽默，但是学生对他的评价就是幽默，为什么呢？他已经在课堂上形成了一种暗语，虽然他说的话特别简单，但是这已经变成了他课堂的一种符号。所以说，提升个人魅力其实是整体性、个别化的改变，而不是机械地说我要提升自己的哪个方面。

面对数据有了大致的分析方向之后，还要掌握一些实用的看数据的方法。我们常常使用数据间的对比来发现不平衡，而不平衡之处往往隐藏着问题。

首先要看维度之间的不平衡。有的教师学术素养高，师生关系弱；还有的教师师生关系好，课堂效率低等。这些都是我们慢慢切入、进行指导的点。比如说，师生关系不错，为课堂效率高提供了前提，那么影响这位教师课堂效率的因素还有什么呢？这就为我们提供了分析的方向。

其次要看同师异班的不平衡。有的教师上两三个班的课，一个班对其所有的评价都是优，到另一个班，就有一部分是良了，这是为什么呢？一位教师，不会在不同的班故意表现得不一样。我们要关注，也可以有所提醒，因为这位教师毕竟在有的班得到的评价是全优的，是具备这种全方位的能力的，那个班发生了什么呢？比如，一位学术素养高的教师，不怎么讲究上课的方法，在学生程度较好的班里学生评价就高；同样的课，在另一个程度弱一点的班里讲授，还是带给学生比较难的学术知识，学生收获很少，所以评分自然就低。还有的教师对某个班特别喜欢，一上这个班的课，从第一句话开始就特别来劲；但是对另一个班就发自内心得有一点小抵触，上课时精神状态也不佳，也会导致同师异班的不平衡。

最后要看选修必修的不平衡。从校方到年级主任、学部主任、学科主任，怎么引领必修和选修之间的关系？如果认为选修的地位就是比必修的地位低，那么在平常的动作中都会表现出这样的信息。教师自然而然就会接收到这种暗示，对选修课的准备就不充分，就没那么高的追求，所以同样一位教师上，必修课的得分就比较高，选修课的得分就比较低。学科主任、学部主任、年级主任和校方都需要一起考虑怎么来定位，怎么去评价，怎么用一些出口来调控这个过程。

诊断为我们提供了一些方向、数据、结果，但是它并没有教给我们怎么做。数据本身还是那个数据，很客观，有的时候很冰冷。比如说，我们感觉身体不舒服，到医院了，做了一系列的检查，拿到了化验单、检查单等，但病还没治，所以说，并不是拿到了这个检查报告，我的病就治完了。诊断结果的呈现是为了接下来我们的改变，除了能面对、接纳数据，会读数据之外，还要利用它来指导我们工作的改善。

进行改善的工作需要明确三个原则。

第一，认识到工作的某方面可能存在不足，但不是错误。所有的教师，只要上课就会被学生诊断，我们都会在工作的某些方面数据偏弱，这可以定位成工作中存在不足，但一定不要把它定位成错误，不足和错误是有本质的区别的。我们每个人尤其是组长，团队的负责人，更不要错误地定位。如果都是错误的话，那么就没有一个所有的方面能够经得住推敲的人，所以它一定是不足而不是错误，这是一项原则。

第二，认识到有问题共同面对，而不会被旁观，更不会被孤立。有问题，我们是共同面对的。一个教研组，少数教师数据偏弱，他在这个团队里，我们就应该帮助他，组长责无旁贷，要最先想出点子，最先有所行动。这种情况需要我们真正地跟进，这跟我们班上的某些学生出现问题，我们要去关注他是一样的。

第三，认识到诊断仅是诊断，永远无法涵盖我们工作的点点滴滴。学生结合十几个题目给我们打分，他们也是凭着一些印象来做的，很难涵盖我们工作的方方面面。

在改善工作的原则上达成这三个共识是特别重要的，这些认识决定了我们接下来的行为。实际改进的时候也有一些可以普遍借鉴的策略和方法。

第一，利用集体备课，组内认真地分析、反思诊断结果，正视自身问题。通过集中研讨进行认真地分析，只说问题，反思诊断的结果，正视自身的问题。这些问题放在桌面上，但不是对着人去的，而是对着某种情况来说的。如果我们自身存在问题，那么最好先从自我反思开始。

第二，与个别教师单独进行真诚、倾心的交流。表面上的工作永远替代不了个别化的工作，"扬善于公堂，规过于私室"，我们从古到今一直在遵循这个原则。个别的教师需要单独去交流。其中，真诚和倾心很重要，数据结果教师已经看到了，他自己就会比较焦虑。我们与他交流不是为了增加焦虑，而是共同讨论怎么来作调整。

交流也要选个合适的时机，我一般不会在数据刚出来的时候做这件事情。教师一开始拿到数据的时候，他自己会特别在乎，待这个阶段稍微过去，我们再来跟进。这个阶段他本身就比较焦虑，因此双方往往会在情绪上做工作，而难以在策略方法上想事情。

第三，针对不同年龄段、不同性格特点的教师探寻不同的解决路径。如果某位教师性格很外向，那么我们说话可能不需要太讲究；但如果这位教师特别敏感，那么这个时候措辞上、方式上就会不太一样。我们对待学生也是这样的。人与人不一样，在成年人的世界里，我们更得讲究。

第四，点到为止的提醒，具体行动的关注。一次谈心、交流，能解决多少事？特别有限。我们需要遵循"点到为止的提醒，具体行动的关注"的原则。谈一次话不可能一劳永逸。我们要做的，一定是谈话的时候点到为止，然后时不时就到教室后面坐几分钟，听一听教师怎么开展；分配任务的时候，看一下这位教师能不能把共同价值、共同方向的方面不折不扣地做好，某个地方有折扣了，再跟他说。这个时候，我们还得说事，不是对着人去的。点到为止的提醒，具体行动的关注，我们应该把重心往这里放。

第五，真诚分享个人失败的经历与心得，交流传授师生关系建立的心得和关键点。要让前边所有的方法有效，我们需要真诚地分享个人失败的经历与心得。还是从自身做起，拿自己的经历说别人存在的问题。成人的世界里，谁非要去提醒谁？这跟师生的关系又有点不一样；但是我可以说自己存在的问题，我反思，对自己痛批一通，一起交流大家是不是也经常遇到这样的问题，然后慢慢引导。

第六，用心营造积极正向的团队文化，让所有成员宽心、舒适。形成了这种氛围和文化，说话过头都无所谓；但是若文化不到位，即使我们特别谨慎，也很难说所有的事都能办妥。让所有的成员宽心、舒适，让教师知道说这个事是对着这种现象来的，我们对人没有成见、没有偏见，这很重要。

第五章　以诊促改

只有当健康体检的结果用于人类个体的健康管理和健康促进时，体检才具有了切实的意义和作用。同样道理，只有当学校诊断与学校管理改进日渐融合，发挥对管理决策的参考作用以及对问题改进的监督、指导和促进作用时，诊断才能真正落地。

值得注意的是，诊断是为了发现真问题——这一点通常不难理解，但是，我们却可能常常忽略：问题解决的策略和办法，也往往隐藏在同时段诊断的其他结果中。或者说，若诊断只盯着问题，我们反而常常难以找寻到问题解决的路径。

【如何使用结果以诊促改】
拒绝标签，结果不用于高利害
发现问题，去伪存真找寻本质
抓主存次，改进清单提供参考
乐享经验，搭建交流机制和平台

随着诊断流程逐步被学校诊断组熟悉和自如运用，诊断倡导的价值观也慢慢传递到学校干部、教师甚至学生群体之中，自此，学校诊断迈入了新的境界和更高阶段。

应该说，当诊断结果出来并进行了有效的分层分类反馈后，诊断本身的工作已经完成。但是，如果学校的诊断只满足于诊断的流程性工作结束，那么也就背离了我们做学校诊断的初心——基于学校自身内部需求的学校改进。因此，当诊断的基本工作完成后，诊断的本体价值将更加彰显：随着诊断的推进，诊断文化成为学校组织文化的一个重要特质，诊断—改进—再诊断对于学校各部门、个人来说变成一个自主自动的过程，以诊促改的作用得到极大发挥，通过诊断提升的是教师、干部以及学校整体的基于证据的决策能力——诊断消于无形却总是存在，那便是我们正要追求的境界了。

那么，究竟什么是诊断文化呢？

简单而言，诊断文化体现着诊断的核心价值观：它是以促进学生发展为根本出发点的，因为关注人的感受而始终坚持"校中有人"；它的特质是坚定地立足于自身改进提升，而不是为了任何标签化的外在评比。因此，一旦学校组织文化中具有了诊断文化的特质，就标志着学校的自主管理与决策能力发展到了新的阶段，学校开始真正具有了自主管理与发展的意识，学校决策能力得到了根本性提升。

那么，如何判断学校组织文化中是否具有了诊断文化的特质呢？简单来说，就像可以通过一个人的日常言行举止观察他的个性特点一样，我们可以通过观察学校中各类人群间的关系和相处方式、氛围，以及日常运行中的常态行为表现等，判断以下几点是否自然、一致地表现于学校的人和事中：学校是否有充分而稳定的机制和平台让学校中的每个群体能够真实反映心声；学校和学校里的人是否能够积极面对问题，且善于自我反思，并在问题解决过程中乐于分享和互助。

这样的诊断文化是逐步形成的而绝非一日之功，在诊断逐渐深入的过程中，诊断文化建设的策略和方法也会慢慢明晰。我们用图5-1进行了概括。

人员构成民间化：学校诊断组必须要有来自一线的骨干教职工，将诊断组建设成为能发挥长效作用的"民间"专业组织。

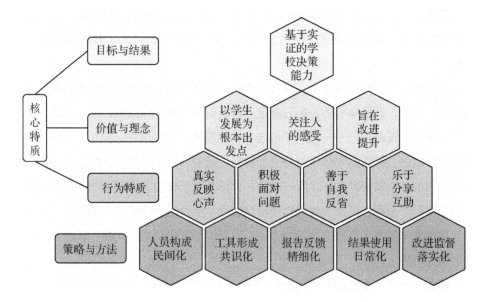

图 5-1   学校诊断文化的核心特质及其形成的主要策略方法

工具形成共识化：工具修订过程中需要与被诊断者进行深入、到位的沟通，达成共识，且诊断前向相关人员公布诊断工具，以发挥诊断的引领作用。

报告反馈精细化：对于个人反馈报告和组织反馈报告及时进行分层分类的点对点下发，同时注重反馈时效性。

结果使用日常化：将结果的使用与日常管理、教育教学工作进行高度的融合统一，使诊断结果切实服务于日常工作的改进。

改进监督落实化：对诊断后的改进，尤其是涉及学校和各部门、服务机构的重点问题，应及时进行改进跟踪，将改进方案落到实处，通过落实促进建设。

其中，前三方面策略在第三章和第四章讨论诊断实施时已经充分探讨过了，这一章将重点解析后两方面策略的具体实现。

一、拒绝标签，结果不用于高利害

真正有效的学校诊断一定不是为了简单地获得某些证据去"管理"教师或学生，通过"贴标签"以显示其高利害性，而是为了判断学校功能的有效性，进一步调整决策，改进学校，建设文化。当现代学校功能准确定位于为了学生全面而有个性的发展的时候，基于学校内部需求而进行的有效评估也势必围绕实现这一功能进行拷问和追踪。

由于教育行业具有服务业特性，而其"产品"又与一般生产性企业或传统服务业不同，具有非实物性、生产与消费同时性等特征，因此，在学校教育服务的过程中，获得用户满意靠的不是简单的物化产品，而是通过满足用户的期望和需求来实现的。因此，学校诊断从根本上说，体现的应该是评估用户对教育服务期望和需求的满意度。更重要的是，学生既是教育活动的核心服务用户，也是这个过程的主要参与者之一，因此，对教育服务满意度的自我评审过程将必然与教育活动的自我调整过程高度统一。

所以，相对于企业为了全面质量管理而进行的自我评审活动，学校诊断，其诊断的意义要大于评估：其更多在于为了学校自身发现问题，及时调整行为和策略，而不在于活动结果的价值性评估。在大胆借鉴企业为了实现全面质量管理目标而进行的持续、系统的自我评审活动基础上，不同于一般的学校评估活动，学校诊断更要突出始终以内需式的自我改进为根本导向的评估目的，以基于学生发展的学校各过程为评估内容，并通过学生的发展变化形成诊断—改进—再诊断的动态模型。

可以说，这样的"出身"和行动目标，决定了学校诊断的过程是一个不断螺旋上升的过程。既然是过程，那么，标签则是无意义的，因为过程中的每一次表现都只是动态变化中的一个点而已，任何标签都注定是会过时且无效的。

从国际经验来看，西方国家的学校自我评估和诊断定位于促进学校改进。学校对收集的数据进行分析，然后作出判断，撰写评估和诊断报告，并对自我评估和诊断进行反思，最终要使用评估结果决定学校改进项目的先后次序，修订学校发展计划或编写跟进计划，同时还要反思学校评估与诊断的机制。

在英国，学校自我评估的目的是运用自主评估和诊断这种对学校发展的自我批判质疑方式及其结论来为决策提供信息，使学校的现状得到改善，更好地实现学生的利益。在爱尔兰，从20世纪90年代后期开始，学校评估开始从官方政策转变为更为强调学校内部发展的自我诊断："与欧洲的其他国家一样，爱尔兰正在实施一种质量保证模式，这种模式通过学校内部检查和自我诊断来制订学校发展规划，并把由检查人员实施的外部评估作为一股支持力量。"①在比利时、北爱尔兰、苏格兰等国家和地区，法律还规定了学校自我评估和诊断的报道机制；同时，学校自我评估等相似的学校诊断计划已经成为学校获取资金支持的基础②。

由此可见，国际上的学校自我评估和诊断结果通常用于学校提升的决策制定上，以确保学校质量与效益的改进和提高，而并不用于教师或学校中其他个体的评价上。尤其是当学生、教师和家长作为评估主体的时候，自我评估和诊断的结果更加独立于鉴定性评估，这样才能使参与者保持开放的心态，在自然状态下投入到评估和诊断活动中，从而在根本上实现其最初的宗旨。

与此同时，我们的实践经验证明，从初期源于学校管理自醒的内部评价办法建设到促进学校自主发展、保障育人目标落地的全面自我诊断，学校在这一过程中会体会到三个重要转变，从而逐步建立现代学校制度。第一，从评价到诊断会触发学校管理理念的转变，从以评价进行效果管控，到以诊断促进行为改进。诊断会促使管理者放低身架，学校评价不再是"管人"的思路，也脱离了"我来管你"的不可亲面目。第二，学校内部评价组织方式的转变，从管理导向到促进师生发展的育人本体。学校发展阶段中的不同评价架构和组织方式的变化，会使评价从行政管理的"高高在上"过渡到学术专业力量的"民间"推动，评价的重点不在"管"而在"领"，大大降低了"龙头"变"双刃剑"的风险。第三，诊断引领教师自主发展的变化。诊断结果虽不能直接用于评价，但诊断一定具有评价效能，它营造的正向、柔性评价氛围，反而会比直接的管理细则式评价指标更能激发干部和教师的积极性和自主发展，实现从被管理到自主、自觉地发展。这个转变过程中会不断有问题产生，但也就在问题不断解决的过程中，所有变化会体现在两个"人"身上：一个是学生，一个是教师。

这些转变如何逐步实现呢？

首先，要确立学校诊断结果不能用于高利害的基本原则。这样的原则确立不是

---

① McNamara, G. and O'Hara, J., "Internal Review and Self-evaluation—The Chosen Route to School Improvement in Ireland?", Studies in Educational Evaluation, 2005(4), pp. 267-282.

② Janssens, F. J. G. and van Amelsvoort, G. H. W. C., "School Self-evaluations and School Inspections in Europe: An Exploratory Study," Studies in Educational Evaluation, 2008(1), pp. 1-52.

说一说或表表态就行的，具体做法是，这个原则确立后，学校应以诊断组为学校利益代表方，全面排查学校各项规章制度，职称评定、绩效考核、工资增长等若干高利害制度严禁直接使用诊断结果。这一点其实对于不少学校管理者而言，真的很难做到，因为，诊断的数据那么真实、客观而丰富，使用起来实在是太方便了，真的不直接用，实在"舍不得"。但是，这是将诊断与评价画上不等号的最重要的第一步，从长远来看，也是建设诊断文化大于诊断眼前利益的"舍小利而取大义"。

同时，诊断结果的发布也要非常注意分层分类，以保护数据的隐私性、安全性，使得"反映真实心声"能够生长为学校组织文化的特质之一。举个简单例子，即使是部门负责人，在每次诊断结果发布后，也只是分级拿到了需要用于参考的数据，以帮助教职工更好地改进工作，同时也被提醒并明示数据使用原则和工作策略，并划定违规的红线。整个数据的保存和管理应交由可以充分信任的第三方促进者朋友，学校任何个人和组织均无法建立师生与其在诊断中所具体填答内容的对应关系，确保诊断参与者能安全、真实地完成诊断。

此外，就像前面第四章中已经探讨过的，在诊断的组织动员和结果解读过程中，学校诊断组要采用多种方式和手段适时性地组织消除师生顾虑的若干宣传和沟通活动。这样的话，通过诊断的不断常态化实施，一般两三年下来，全体教职工和部门会逐渐认可学校诊断的安全性，也会认识到诊断可以帮助个人和组织发现自我，是给自己的预警。越来越多的人会从中发现需要改进的着力点，也看到了自己的进步。当学校诊断实现由学校内需到个人和校内小组织自发内需的转变，一直到大家将学校诊断看作"工作体检"时，诊断就化于无形但又不可或缺了。

下面的文章就是一位普通的一线教师通过诊断后的分享活动对自己教育教学行为和策略的反思。即使最开始拿到了不太好的诊断结果，这位教师也能及时调整反思，没有匆匆给自己下定论。相信大家能从这些真实的字里行间体味诊断带给每一个教育人的心灵感悟过程。

数据是什么

李莹莹

数据是什么？

是面子？是镜子？是自己？

其实在于你对于诊断的理解

如果它在你眼里

可以帮助你去发现问题

能够指出你前进的方向

偶尔的不完美又何妨？

1. 引子

曾经有一份真实的教育教学诊断数据摆在我的面前，我没有分析。等到第二份更加真实的数据摆在我面前的时候，我才追悔莫及。人世间最痛苦的事情莫过于此，如果上天能够给我再来一次的机会……

今天，我要以什么样的心态面对这两份诊断数据呢？仿照电影里的台词，我想说，让数据飞一会儿，在飞的过程中慢慢发酵，会带来意想不到的惊喜。我的诊断数据已经开始发酵，虽然时间有点长，但依然惊喜不断。

2. 数据是面子？

那还是 2016 年上学期的时候，我们学校第一次进行教育教学诊断，我也不知道会有什么样的数据摆在自己面前。不得不说，第一份真实的数据确实有点"辣眼睛"。

诊断得分出乎意料的低，低到尘埃里，我甚至忍不住怀疑，这是我的诊断结果吗？我什么时候变得这么不讨学生喜欢了？虽然没有人知道我的数据，但我觉得很没面子。

诊断中得分最低的题目是："老师善于发现我的优点，及时鼓励，增强了我的自信心。"我得了 90.4 分。当我看到居然是这一题得分最低的时候，脑海中闪现的念头是：数据不准，不必当真，我怎么可能这题得分最低呢？明明最让我骄傲、最引以为自豪的就是我经常换位思考，从不讽刺挖苦学生。学生怎么可能会在这一点上不认可我？这样的归因，让我在心理上扳回了一局。

后来的事可想而知，我当起了"鸵鸟"——选择性遗忘，不再把诊断结果当一回事儿，就像它从来没有出现过一样。

转眼就来到了 2017 年下学期，在日常教育教学中，我没觉得学生更讨厌我，但也没有变得让学生更喜欢我。下学期的教育教学诊断如期而至，我甚至都忘了

2016年上学期我的诊断结果中最低的得分是多少，最高的得分是多少。当第二份更加真实又无比残酷的数据摆在我面前的时候，我懵了。

有六项指标呈下降的趋势，我对自己说：你的得分还能再低一点吗？这么低的分数，你是怎么得到的？太丢脸了。说实话，当时除了自嘲，真没冷静地分析。以前每当学生考完试出成绩的时候，我总是以站着说话不腰疼的姿态对学生说："分数不重要，重要的是你要透过分数，学会分析背后的知识漏洞和做题的思维与方法。"

当我看到诊断结果的时候，满眼只有分数，再容不下其他，关注自己的面子变得无比重要。就在这一刻，我终于能对只看重分数、不能静心总结与反思的学生感同身受了。

对于两次诊断，我都因为不敢面对较低的得分，一味维护面子而错过了对其理性的分析。可惜！

3. 数据是镜子

若不考虑面子问题，只是单纯地看待数据，数据可能更像是镜子。让一个毁容的人主动照镜子，一个字，难！而我就像是被毁容的人，满脸的不完美。

如果照镜子只是为了照出美的话，那么镜中任何的不完美都不会被接受；如果照镜子是为了让自己变得更完美，那么镜中任何的不完美都是完美的生长点。看问题的角度变了，一切豁然开朗。带着让自己变得更完美的想法，我开始照数据这面镜子。

照镜子简单，照数据这面镜子难。

我选择的切入点是，第一步，将自己的两份数据进行纵向和横向比较，找出退步最大、进步最大和两次得分都很低的方面。

退步最大的方面是："老师注重我良好品德和习惯的培养，让我学会如何做人做事。""这位老师的课堂效率高。"

进步最大的方面是："老师善于发现我的优点，及时鼓励，增强了我的自信心。""老师根据我学习上反映出的问题，常给予耐心的辅导、答疑。"

两次得分都很低的方面是："我能感受到老师很关注我。""这位老师是我本学期最喜欢的老师之一。"

第二步，我又开始将数据扩大到初二历史组教师的平均分、年级平均分、校历史组平均分以及每个教学班的打分情况。

与其他层次均分比较：高于年级平均分，但均低于年级历史组和校级历史组平均分。

各教学班的打分情况：打分最高的两个班级是教学 15 班和教学 18 班；打分最低的两个班级是教学 20 班和教学 23 班。

照完数据之镜，如果我得出的结论仅仅是"我是一个受学生喜爱程度低，在全人教育、个别化教育和课堂效果三个维度表现都很差的教师，需要进一步提高"的话，那么这次照镜子可以说基本失败，因为照出不完美并不是结果，找到完美的生长点才是正道。我需要进一步自我剖析与反思，但切忌带着情绪，一定放下面子。

群众的眼睛是雪亮的。不得不承认，我自己都觉察不到的细节，学生都可以准确地把握。

应我市中考科目的安排要求，到了初二下学期，历史注定要为地理、生物让步，所以在开学之初我就确定了自己课堂教学的重点：只捞干货，并留大量的时间给学生课堂背诵，不留作业。可实际上学生并不买账，他们学习历史的热情变低，感觉老师不关注他们，学习效率低下。

我最擅长的以历史为契机，教给学生人生哲理与为人处世方法的拿手好戏就搁浅了，师生之间缺少了互动，缺少了思维的碰撞，结果学生的成绩并没有提高，反而惨不忍睹。我成了受他们欢迎程度低的老师之一，我认账。

同时，这个学期我走进同年级和本校历史老师课堂的次数很少，缺少了虚心请教与钻研学习的上进心，所以我的得分低于其他历史老师的平均分，我服气。

依然摸不到头脑的是各教学班打分情况与我预期有出入，尤其是教学 20 班（这个需要正面沟通），我期待。

通过分析，我的眼前豁然开朗，今后努力的方向有了抓手。

一是更加重视自己的历史积淀和学生历史素养的培养与全人教育，发挥自己的优势与特长，不要被暂时的分数冲昏头脑而变得功利起来。

二是虚心求教，向同学科的每一位教师学习，加强交流。

三是关注个别化教育、面向个体的教育，发挥小班化教学的优势，打造专属于每一个学生在历史学习上的私人订制。

四是学会正面沟通，不盲目猜忌。数据带给我们的是一种沟通方式，不懂就要问，不要像鸵鸟一样一味逃避和猜忌。

看，数据这面镜子照出来的我是不完美的，但我却很骄傲地说：可爱！

4. 数据是自己

数据是镜子，照的是我自己。镜子外的是我，镜子里的也是我，其实，数据就是我自己啊！与他人毫无关系。如果说非要有关系，那么就要谢谢数据的创造者——我的学生。

谢谢他们为我提供了镜子，让我更全面地认识了我自己，让我找到了教育教学的成长点。这样说来，如果学生能真实地参与诊断，那么数据一定是真实的。如果这面数据镜子是真实的，教师的自我剖析也是真实的，最后教师的自我成长就是真实。教师自我成长最终的受益者不仅是教师，更是学生。这样循环往复，师生在互动中教学相长。

我感叹这样神奇的数据。不管我们如何看待它，大数据时代已经向我们走来，并且大数据思维已经在教育领域生根发芽。一个人单枪匹马做调查问卷的时代已经式微，一群人共享大数据的时代已经来临。感谢学校的高瞻远瞩，为每一位教师提供了这样的大数据。有的人可能会质疑，诊断是主观的，因此数据不会完全真实。数据本身并没有倾向性，有倾向性的是你我解读的角度，即你我的思想。

当思想与数据相遇，数据才变得有了意义和价值。我的思想与我的第三份诊断数据的第三次相遇，又会产生怎样的奇缘，衍生出怎样的价值？我期待又一次的发现之旅，找自己，做自己！可行！

二、发现问题，去伪存真找寻本质

通过上述第一节的讨论，我们首先明确了以诊促改中的原则性策略：诊断不等同于日常大家常说的评价，重要区别就在于诊断的结果使用不是传统标签式的评价。打个比方，同样是体检，但是，新兵入伍的体检和我们日常的健康体检，其数据结果的使用功能是非常不一样的：前者具有合格或不合格的判定性功能，使用时具有"快照式"功能——过或不过，一锤定音即可；而我们的健康体检则重在帮助我们监控自身的健康状况，哪里有问题，原因是什么，如何调整？哪里有改善，经验是什么，如何继续保持或增强？其重要价值在于据此调整我们自己的生活和行为。那么，这种要特别注意弱化其价值判定性功能的诊断结果，又当如何发挥其效用呢？

这时，"问题意识"策略十分重要。也就是说，诊断结果最直接的作用是帮助我们发现问题、预见问题，防患于未然。那么，这个问题策略的运用具体包含哪些要点呢？

（一）诊断中应始终保持一种发现问题的开放心态

这里还是要再一次回到学校诊断的根本性质上——它是基于学校内部发展需求的自我评估活动。因此，充分暴露、揭示问题是其天生的使命。这一点在我们选择进行诊断时其实就已经决定了。

然而，现实似乎总会比我们预期的还要"残酷"。在我们多年与学校一路同行的诊断历程中，还是很少看到学校管理者在面对诊断结果呈现问题时能不动容的，这是非常自然的心理反应。因为，希望发现问题和真的面对问题常常是两回事。

这时，始终保持一种"诊断就是为了发现问题"的开放心态非常重要，也对我们后续用好诊断结果十分重要。如果不能持有这样的心态，那么就很容易被诊断揭示的"水面下的巨大冰山"惊到，辛苦和付出不被理解和知晓的委屈、发现日常隐隐感知的矛盾是如此尖锐的震惊等心理反应就会随之而来。如果在这类心态的支配下久久无法自拔的话，那么任何诊断结果都不可能得到正确、恰当的使用。

也许，没有真实面对过细致、丰富的诊断数据的校长们在阅读这段文字时，会暗自笑话我们小题大做或者少见多怪。其实，从人类心理的自然规律来看，这样的策略提醒并非多余。因为，真正基于学生发展的诊断数据，会从管理者们日常看不到的视角提供大量来自一线学生、教师的信息。这样的信息无论从量上还是从丰富度上，应该要对我们有一定的冲击才对，尤其在开展诊断的初期，有这样的反应才是应然，否则，我们可能需要反思是否在诊断实施的环节上出了什么问题而导致数据"闭上了说真话的嘴巴"。

及至诊断在学校逐渐深入和推进之后,大多数学校管理者们仍需要保持这种"诊断就是为了发现问题"的心态,才能让我们日渐习惯于在诊断数据中看到我们不常能看到的学校的一面。但是,这个时候,"发现问题"的心态会有新的释义。诊断应该总是能发现问题的,如果发现诊断失去了发现问题的作用,那么要警惕:是诊断过程出了问题,例如,诊断的内容和工具已经不适应学校现有的发展实际,工具的效度受到了挑战;还是诊断的结果使用没有真正扎根,师生在学校的诊断中没有获得感并对诊断失去了信心和信任,从而使学校失却了通过诊断听取真实心声的能力;又或者是管理者自身通过诊断发现问题的能力没有提升,年复一年的诊断过后,我们没有有效积累数据并进行挖掘,诊断变为规定动作,在只诊不改的惯性下,诊断也就丧失了其根本的意义和作用了。

所以,简言之,敢于进行诊断的学校,首先要具有通过诊断发现问题的始终心态和能力。也只有这样的开放性和前瞻性,才能让后续的以诊促改策略有用武之地。

(二)善于去伪存真,发现真问题

诊断是为了帮助发现问题。有了这样的平和心态后,紧接着就会发现,原来诊断真的会揭示很多问题。这时,就要运用去伪存真、发现真问题的策略和办法了。

从前面第二、三、四章的讨论中不难想象,基于学生发展的学校诊断会从学校教师、学生、干部处得到大量关于学校运行和管理过程中的感受、意见和建议。这些大量的真实心声汇集起来,会有很多共性的内容,这些存在共性的地方,很可能是学校目前阶段一些矛盾的集结点。那么,如何判断这些矛盾的集结点究竟是不是问题的点呢?

所谓问题的点,从管理学角度而言,多半也是风险可能出现的点,而依据冰山效应的原理,管理风险的点多半会出在不同层级感知差异大的地方。因此,判断矛盾的点是不是问题的点,就是要从矛盾的表现中仔细辨别,是"不一致"还是正在"走向一致"。所谓不一致就是指不同层面人员对同一件事情的理解和执行上因为不一致、不统一而导致了冲突性矛盾;所谓走向一致是指不同层面人员对同一件事情的理解和执行都正在过程中，由于所处环节或流程不同，大家正在通过充分的表达和沟通由不一致走向一致，这时从普通师生的层面来看，这件事情也可能是矛盾的集结点，但是，性质是完全不一样的，可能就不是真问题，而是发展过程中的假问题。

举两个例子来对照说明一下。

某学校在某一次诊断过程中发现，各年级师生对学校本学期采取的新的午休时间安排反响非常大，普遍认为缩短休息时间给教学和生活带来很大的负面影响，提前了一点点的上课时间，但效果很差，强烈呼吁恢复原来的作息时间。另一个学校同样在某一次诊断中也发现，各年级师生对学校本学期采取的下午第三节课增设为活动课的做法反响很大，这是师生们关注比较多、提意见比较多的点。这两个例子乍看起来，同样是矛盾比较多的、关于学校作息管理方面的问题反映，但是，细致辨别其中的内容，就可以发现，其实是两种性质不同的意见集中反映：前者，来自师生的实际感受，表明学校的这种调整与师生的需求和感知是非常不一致的，学校最初想通过这种调整提升效率的想法在实际中的效果是适得其反的，这就说明，在这个阶段这种跨度的调整对于目前的学校是一个比较突出的具体问题，需要校方根据师生的实际感受再行调整，或者，至少需要更为细致地深入了解和调查，以判断方案是否需要重新设计。而后者，来自师生的感受说明大家比较突出地感受到了这方面的调整带来的变化和影响，大家对这方面的意见反映，或建言献策，或吐槽，都是对这一调整进一步深化和细化的有效参考，这种调整至少不是问题，而是需要进一步完善的地方。

当然，更多时候发现真问题的难度不仅在于对这种反响比较集中之处的性质辨别，而且还在于对不同层面人群感受不一致之处背后的原因分析。因为很多时候，往往有声之处容易引起注意，而恰恰无声之处才掩藏着真正的危机。

（三）高度重视分析问题背后的原因，找寻问题的本质

在第四章第四节中，我们已经讨论过，学校诊断中一个常用的数据分析方法就是交互验证：我们始终需要关注对于同一个观测点背后，不同人群感知差异的大小。当差异过大时，一定就会隐藏管理的风险和危机，这时，深入分析差异背后的原因，就是找寻真问题本质的过程。

从个体层面而言，日常教育教学管理中的类似经验或现象可能并不少见：一位教师在学校干部甚至大多数教师眼中很负责、很勤勉，通过教育教学诊断却发现，学生们对这位教师的感受始终不太好，主要体现在学生们认为这位教师不关心自己的身心全面健康发展而只关注成绩表现，对不同学生不同对待，师生关系不融洽等。这样的教师，即使眼前阶段他所带班级学生的学业成绩看似没有很大问题，甚至短期内还不错，但是，从学生的利益出发，从教育教学的长远发展而言，这类教师身上表现出来的问题，是否正是值得我们高度重视，需要长期攻坚才能逐步解决的真问题呢？

其实，很多时候，对于学校管理者们来说，只有理智地判断，只有舍得眼前的短浅利益，学校才能获得长远的可持续发展。而一旦对于上述的类似问题不作处理、任由蔓延的话，就会发现，当它们成为学校日常教育教学中获得默许的普遍行为，演变为教育价值观上的不一致时，再纠正起来就非常困难了！这个时候，学生们感知到学校"说一套做一套"而不信任学校就不足为奇了。

从学校整体的组织层面而言，学校诊断中也容易出现这样的现象：学校的某位干部以及他领导的某个处室，在校长和其他管理者看来，非常得力且"眼里有活"，但在普通教师们的感受中却差强人意甚至多有不满，这又会是什么原因呢？问题很可能出在为谁服务的导向性问题上。由于大多数传统学校的组织机构设置是为学校的管理服务，而非为师生服务的，那么，"在其位谋其政""为领导服务好"自然是很多处室的目标和职责。然而，为领导服务好了未必能同时为师生服务好，这里应该不仅仅是个人观念和态度问题，首先还应该是组织机构设置的价值和导向问题。从治理结构的角度而言，如果学校里的师生在组织机构设置中就处于学校的最底层，所有领导、处室都是为各年级的师生"派活儿"的而不是为其服务的，那么，从师生的层面来感知，学校里的问题层出不穷也就不足为奇了。这里的问题其实是学校治理能力中非常本质的、关于学校组织结构的问题。如何让学校的组织与管理向为师生服务转身，学校里的权利与职责如何分配与制衡，如何界定各年级、教研组织以及各职能处室部门的工作内容并厘清边界，都是解决这些问题需要考虑的方面。

从这个意义上说，诊断关注问题、保持发现问题的心态的真正用意和策略的重点在于，一定要认真分析问题背后的原因，善于根据原因探查问题的真假以及问题的性质和程度。

（四）区分问题的性质和程度，学会与某些问题和平共处

一旦问题的原因探明，就可以确定问题的性质和程度；而根据问题的不同性质和程度，就可以基本明了问题的解决思路。有些问题，集中且紧急，需要快速解决，但是，这类问题解决起来往往不会太难，比如，某个设施设备的问题，某个非常具体的环节性问题；而有些问题，潜在且症状不明显，但是，性质很严重，也许一下子解决不了，但是必须高度重视，防微杜渐，比如，关于学生观的问题、师生关系的问题、教育教学的价值导向问题等。后面这一类问题也是我们在本章后续章节中要重点分享如何解决的问题。

不过，还有一类问题，比较特殊且有意思，那就是需要我们与它长期"和平共处"的问题。

其实，生活中这类问题也很常见，在我们每年的健康体检中，随着年岁的增长，有些身体问题，比如，高血压、高血脂或者某些其他慢性病，只要体检就会检查出来，但是，如果我们采取恰当的用药方案，将其控制在一定范围内，那么它就不会影响我们的生活质量。这些身体方面的问题，需要我们学会长期与它和平共处。

同样地，学校的日常运行过程，也与人类身体机理运行的原理类似，就是在不断的问题解决中前进的。没有了问题，也就没有了学校的发展。有些问题，无论我们怎样努力，它总会存在。尤其是当我们用这种基于服务对象的感受对服务提供者的服务作出诊断时，没有问题一定是不可能的事情。追求服务对象的满意是我们作为教育服务者永远的目标。

最为常见的需要和平共处的问题大多与师生的学校日常生活相关，比如，对食堂饭菜不断提出的新需求、对学校环境的新建议等。如果这类问题在某个阶段表现得特别集中且激烈，那么可能表明需要学校立即采取某些措施；但如果表现得不集中或者不激烈，那么可以纳为需要与其和平共处的问题，毕竟这类问题或呼声在广

大师生中总会存在。

还有一类问题属于阶段性要共处的问题，类似于学生发展过程中与其成熟度相关的问题。例如，小学中高年级阶段，有些孩子，尤其是男生容易出现书写中的左右结构颠倒的问题，即便高度关注并不断提醒其纠正，也要度过一段时期才能自然缓解，这是儿童认知发展过程性障碍的问题。我们的学校发展过程中，也会有这类问题，需要我们与其共处一段时间，等待它的发展和变化。比如，新的教育教学导向下的课堂教学变革，由于教师要走出自己的舒适区来接受挑战，因此会出现不适应、抱怨甚至畏难等情绪变化，一段时间内，这类教师会比较集中地出现发展中的适应性问题；但是，只要我们认定变革的方向是对的，通过多种沟通渠道和机制不断传递新的理念，并分享新理念下的有效做法，帮助教师渡过这段困难的问题期后，状况就会慢慢好转。对这类状况，那些准备变革或正在变革的学校一定要有充分的思想准备和应对策略。但是，总体而言，这类问题都不是要去解决的，我们要学会与之共处，需要等待。

(五)确定问题的责任方，"解铃还须系铃人"

在确定了的问题性质、程度、范围后，对于需要和平共处的问题，我们做好沟通和等待，那么对于需要解决的问题呢？是由发现或看到了问题的学校诊断组人员，或者管理者们亲自一一解决吗？

其实，诊断中发现问题不难，难点在于谁来解决问题。我们的经验告诉我们，这是造成以诊促改效果有差异的首个关键点所在。

通常情况下，学校管理者们一旦通过诊断发现了真问题，往往容易比较着急地去想，该找谁来，问一问怎么回事，一定把这个问题解决了！

其实，这个时候，若我们真正探查清楚了问题背后的原因，倒是应该在问题的解决上慢下来，先想好由谁来解决这个问题，再去看如何解决问题。

学校中的问题，尤其是通过诊断发现的由不同人群感知的差异表现出来的问题，其实质常常在于信息的不对称或者沟通的不顺畅上，也就是说，问题大多出现在沟通的链条上。因此，要解决沟通链条上的问题，一定从问题节点上离其最近的沟通者入手，"解铃还须系铃人"，减少沟通链条上的传递环节，才能最大限度地减少沟通传递中带来的信息被误传或误解的可能。

所以说，学校管理者们一定不要做问题的"承包者"，试图去解决所有问题。且不说精力上是否可行，从问题解决的逻辑上这也是错误的。

比如说，诊断中常会反映出某些关于学校中一些干部的民主作风不好，喜欢打着"校长说的"旗号布置或处理工作的问题。这种问题，是校长直接跟这些干部沟通、解决更好呢？还是通过其他方式让这些干部自己看到他们接触的教师群体的真实反映，并分享与其相近岗位干部的不同做法，让其自己感受并意识到问题更好呢？应该说，对于这些干部，两类方式都需要；但是，如果第一种方式为主且占先的话，那么效果可能会不如第二种方式为主且占先。

当然，学校中的实际情景是千变万化的，没有任何一种所有学校都通用的具体的问题解决办法。但是，解决问题背后的策略思路是有一定的原则和基本方法论的：谁的问题，主要由谁来解决；也相信只有自己解决问题，效果才会最好，别人只能协助和提供支持。学校管理者们在问题的解决过程中最主要的作用是搭建分享问题解决经验的机制和平台，而一定不是亲自上阵着力于所有问题的解决。

管理者们一定不要急于去担当问题的责任方，而是要善于找到解决问题的真正责任人，帮助他发现"问题的铃铛"，并支持其找到"解铃"的路径。

（六）关注问题的变化或解决过程，而不只是问题的当前表现

我们还有一个需要特别强调的原则：诊断的价值不仅仅在于发现问题的现状，更在于跟踪问题的解决过程。当诊断的过程很好地揭示了问题的解决过程时，以诊促改的辐射价值将会得到更大发挥，走向以诊促建之路也许指日可待。

在本章的第一节我们已经明确，诊断不是简单的终结性评价，诊断拒绝标签，而且其结果一定不能用于直接的高利害。其根本原因也在于，诊断是要持续地、周期性地进行的，每一次诊断的结果只是过程中一个节点上的表现而已，对我们调整学校管理的行为和策略是宝贵而有价值的，对问题的发展和变化只是一次性地呈现的，所以，对于诊断结果的解读和使用，我们需要坚定地持有发展的眼光、变化的视角，去观察和发现过程中有价值的经验。

所以，当诊断的数据积累到一定程度时，纵向数据的深度挖掘和发现将非常有价值，它会帮助我们发现一些规律性的东西。一个个看似零散的问题和个体会集结成类型或类别，而对于这些不同类型的典型性发掘，将大大提升我们对规律的揭示和掌握，这样，也就从更宽广的视野和更丰厚的积累中提升了解决问题的根本能力。

尤其当同一诊断项目连续多次进行时，就可以进行一定的趋势探索和追踪分析。比如，通过对某学校连续四学期教育教学诊断数据的潜在类型分析（Latent Profile Analysis，LPA）发现，学校存在四种不同成长路径类型的教师。（见图5-2）

由此获得的信息给学校管理者很好的提醒：在面对不同需求层次的教师时，学校应该搭建什么样的平台，形成什么样的机制，才能分别推动不同类型教师的成长？

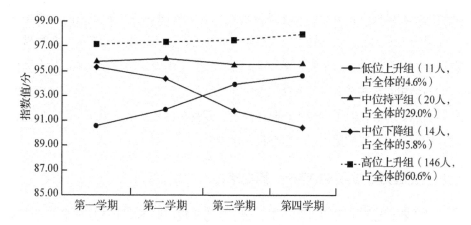

图5-2　基于四次教育教学诊断视角下教师潜在成长类型分析

与此同时，跟踪问题表现，关注其发展变化而不只是关注问题的当下的另一个重要原因也跟我们上文说到的"区分问题的性质和程度，学会与某些问题和平共处"的原则有关。因为任何问题本身都需要有解决的过程，尤其是一些需要和平共处的问题，更是需要在过程中关注其程度变化。这是一些不可能消除的问题，只需要在时间序列中观测并将其控制在安全范围内即可。

小结一下，这一节里我们讨论的是诊断结果使用中最常用的策略：发现真问题并通过对问题原因的挖掘，有的放矢地确立不同的问题解决方案。首先，保持平和的"问题"心态毫无疑问是先决的基础，而去伪存真发现真问题更是根本。但是，即便是真问题，也因为原因不同，所以要采取不同的解决思路。有些问题需要当机立断，有些需要等待，有些需要保持长期的和平共处。更为关键的是，发现问题和解决问题的责任主体常常并不一致，尤其对于学校管理者们而言，善于找到问题解决链条上的关键节点尤为重要，而不要总是急于走在解决问题的最前线。最后，一定要坚持用发展、变化的眼光看待问题，有时要在这个过程中观察问题的解决和变化，有时则要在其中发现问题的预警。

三、抓主存次，改进清单提供参考

上两节中，我们讨论了一些以诊促改过程中的基本原则和策略。实际上，在个体以诊促改的过程中，有一个基本成立的假设：学校内某些个体面临的问题和困难，在另一些个体身上，正好可以找到相应的经验，彼此可以在相互的参照和借鉴中共同地成长。但是，对于整个学校组织而言，这个假设就很难存在了。某个学校面临的困难和问题在其自身的发展进程中往往是独一无二的，也许没有直接相关的经验可参照。那么，对于学校组织整体而言，面对在诊断中所发现的问题，如何有效地以诊促改呢？我们提出以下策略供大家参考。

（一）把握好以诊促改的节奏，抓主存次

学校诊断通过精心的设计和组织，除了会为学校中的不同个体从被服务者的视角看到自己作为服务提供者的服务效果和质量，并据此进行自身行为的调整以外，还会通过类似涵盖所有核心要素的基础诊断、学校领导力专项诊断等为学校组织与领导的整体运行状况提供全面、真实的数据；同时，还会通过对涵盖所有个体的各类组织的诊断，帮助学校把握不同类型组织、不同层面个体形成的群体性结果。比如，通过对全体教师的教育教学诊断，帮助学校把握不同学科、不同年级、不同教龄等各类教师群体的教育教学基本状况以及教育教学过程中有无突出的困难或问题等；再如，通过学科诊断、年级诊断，帮助学校把握在学科教研和年级教育教学实施过程中有无学校层面的较为突出或普遍的问题；又如，通过处室诊断、职员诊断

等，知晓在学校的服务部门中有无导向性问题或流程分工方面的困难等。这些数据对于学校核心管理者而言，其最首要的价值是把握学校的整体、全面状况，而不是一个个零散的、个别人的数据表现。

所以，对于学校组织的问题，我们要善于通过全面、丰富的诊断数据发现主要矛盾，寻找核心和关键问题。

一般情况下，有经验的管理者对学校各阶段的基本状况和可能存在的突出问题，能做到心中有数。但是，突出问题，未必一定是学校的核心问题或关键问题。比如，由于学校的校园扩建或改建，基建工作会牵涉学校大量的人力、物力和精力，同时，由于基建过程中学校校舍或教室的过渡性调整可能会带来安全隐患，因此这时期学校的设施设备或基建问题会自然而然成为干部们眼中的主要问题或突出问题。而且，这个时候的诊断数据，也很容易出现学生和教师对基建问题的呼声和建议，数据中大有"先声夺人"之势。但是，对于不同学校来说，这个问题未必就是学校现阶段的核心问题，也不一定是实现学校未来提升的关键性问题。那么，这个时候，还是要运用我们前面所说的诊断最常用且重要的基本原则与方法中的有效策略，拨开大数据可能造成的迷雾，透过现象看本质。

最有效的策略仍然是，通过交互验证的方法，寻找学校中不同群体间感知差异最大的地方，因为差异大则风险大，而风险最大的地方，哪怕目前没有在其他的显性数据中有所表现，也往往是学校下一步发展的核心问题。比如，有的学校在基建期间，师生们会比较一致性地对基建过程中的噪声或环境问题有呼声，这可能是比较容易感知到的突出问题，学校应该采取快速改进措施。但是，同样在这一时期的诊断中还发现，相对于包含基建在内的资源要素而言，学校不同群体对学校目前师生关系的感知却有更大的差异，尤其是学生对师生关系的感知明显不好，那么，可以断定，该学校目前的核心问题不是资源的建设问题，而是如何建设更为和谐、愉快的师生关系问题。

也有的时候，虽然不同群体间的感知差异看似不大，但是，所有群体对某个要素或方面的感知都不太好，也往往警示这个问题是学校未来发展的关键性问题。比如，课程问题在很多学校容易成为此类关键性问题。

我们必须清醒地知道，学校就是在不断地破解问题中前进的，没有问题的学校是不存在的。而当诊断数据呈现出各种各样的问题时，从学校整体层面而言，核心管理者一定要做到对问题性质和程度的确切把握：分清主要矛盾和次要矛盾，盯准核心问题和关键问题不放松，无论问题解决力度上还是问题变化上都要持续跟进，哪怕这类核心问题和关键问题通常需要更长的时间才能逐渐解决，虽然心态上不能着急，但是需要密切地持续关注；对一些看似迫切、重要的问题，因为不存在矛盾，只需要切实落实，那就采取快速解决措施；而对一些次要矛盾，因为是主要矛盾和核心问题未解决时的伴随表现，可以暂时留存，不作直接处理。

学校每个学期的工作都是庞杂而琐碎的，我们不可能在每个时间段面对所有问题并期望它们都能得到解决。这个时候通过全面的诊断数据，把握每个阶段的工作节奏，切中要害，抓住关键，是管理者智慧的高度体现。我们特别需要有效的诊断帮助自身保持清醒。

（二）通过全面的诊断数据把握全局，让诊断消于无形却又不可或缺

通过以上的分析，我们不难发现，学校诊断对于学校中的普通教师以及管理者群体而言，其价值和意义其实是略有区别的：对于学校中的普通个体而言，诊断可以借助组织的行为形成一种组织文化和氛围，帮助组织内的每一个人形成反思自我的意识和习惯，并通过不同视角的数据呈现和结果使用提高每个人的反思力；对于核心管理者而言，除了同样具有上述的个人价值以外，站在组织决策者的立场上，学校诊断还会有效帮助校长们把握全局，监控整体进程，从而清清楚楚作决策，明明白白作管理，在整体上提升组织的可持续发展力。

当管理者既不游离于真实、复杂的管理情境，同时又能从其中抽离自我，站位大局，保持前瞻性，保持清醒时，就脱离了低层次的"救火""疲于应对"式管理，步入领导、治理学校的佳境了。

作为我国基础教育阶段学校诊断率先实践者中的一员，更作为深耕于学校诊断一线的同行者，我曾经多次问过项目学校的校长和其他核心管理者们：您觉得学校诊断真的有用吗？您觉得它在学校的理想状态中应该是怎样的？

对此，所有跟着我们一起在基于学生发展的学校诊断路上砥砺前行的同道者们都非常肯定地回答：对于学校的发展，诊断的价值是重要而独特的，而且，随着诊

断伴随学校发展的不断深入，有一种"越来越离不开（诊断）的感觉"。而越是这个时候，学校诊断在校内工作的开展已经不那么彰显，诊断的旗号已经不那么鲜明，学校诊断组成员也不再为诊断的实施觉得费心或焦虑。这个时候，诊断看似已经在校内趋于无形，但是，诊断的习惯和能力却已经在学校各个层面滋长，从教师到校长，开始意识不到还有专门的工作模块叫"诊断"，但每个人的工作中却已经离不开通过诊断数据和视角来为工作改进提供参考了——而这，正是我们，也是学校期望的诊断在学校的理想状态。

在开展学校诊断多年的"老学校"中，有一个非常有意思的现象：每学期初的学校工作计划里会自然包含诊断的内容和安排，每学期末的工作小结总要以诊断结果的沟通为最终"踏实放下心"来的结点。而且，平常日子里诊断工作按流程开展、积累，学校诊断组多主动与其他各部门沟通工具、解读结果，大多不会等到其他部门"找上门来"，诊断组的同志们就已经"找上门去"了。而一旦到了学校需要对外报送各类成果时，情形就反了过来——其他各部门纷纷找上门来，希望得到这时或那时的数据，因为它们恰恰是各部门甚至学校进步的有力佐证。

当然，要形成这样的状态至少需要三年的积累和深入。在这个过程中，学校诊断组通过对结果分层分类解读后为各部门的改进提供参考，助力学校各部门工作的进步，是平日里"积累人脉"的有效手段。

所谓改进参考，简言之，就是学校诊断组为各部门提供相关诊断结果，并帮助他们一起解读、分析之后，由学校相关责任方根据优先级和可操作性，列出若干需要解决的问题明细，由问题落实的责任人或小组织列出具体的改进措施以及问题改进的期限，从而形成的清单式的参考。下面是某学校诊断组根据某次资源诊断结果分析，与各相关部门沟通后形成的改进参考的部分示例。

当然，这类改进参考，是针对我们上文提到的"看似迫切，但因为不存在矛盾，只需要切实落实，采取快速解决措施"的重要但非核心的问题的。这类问题的清单式的参考应该是比较容易列出的。（见表5-1）

表5-1　资源诊断中发现的问题及改进参考(示例)

诊断问题	具体问题表现	问题改进措施	落实部门/责任人	时间节点
食堂问题	(例1)菜品口味单一,菜品种类更新较慢。	1. 下学期开始,增加豆浆,增加西餐品种,如汉堡、三明治、比萨等西式套餐。增加售卖窗口,制作米线、铁板炒饭等产品。 2. 每月作调研,根据教师或学生想吃的菜品制订菜单,同时根据季节搭配食材,保证营养均衡,与节日同步推广美食节活动,做到少油、少盐,合理膳食。 3. 如有过生日的教师,可提前在群里告知,食堂会为教师准备长寿面,外加荷包蛋,以表示关怀心意。	总务-食堂/××	3月15日。米线、铁板炒饭等产品的增加视售卖区电源接通时间而定。
	(例2)餐巾纸质量较差。	从下学期开始,更换餐巾纸。	总务-食堂/××	2月18日。
保安问题	(例1)西门保安上班玩手机导致开门慢,责任心不强。西南门保安工作不专心,车辆不按喇叭,他不开门,耽误进出车辆的时间。	1. 2017年1月19日在会上对西门、西南门保安员提出批评,让其停岗学习门卫职责,并在会上作出检讨;通过出现的问题要求所有在岗执勤人员禁止工作中玩手机等进行与工作无关的事情。 2. 对于执勤时没责任心的个别队员,先提出批评教育,同时让其作出书面保证不会再出现类似事情。 3. 对于不积极改正的给予停岗调离处理。	总务-保安/××	春季学期初。
……				

　　对于那些矛盾表现深刻而持续,给学校发展带来深远影响,解决方案又没有办法简单生成且需要较长时间逐步解决的核心问题或关键问题,我们就无法使用这种简单的改进参考了。这个时候,改进参考也许会融合进学校的下阶段发展规划中,还可能写进学校的治理章程里……而这样的改进参考能否有效形成,一定取决于管理者们能否通过学校诊断的数据和结果把握全局,基于实证地做出让学校发展步步为营的改进参考了。

　　这也就回到了我们开展学校诊断的初衷:通过基于学校自身发展需求的内部自我评估活动,运用以数为据的思维、策略和方法,以自我评估促进有效的自主发展。

四、乐享经验，搭建交流机制和平台

前面几节我们用了很长的篇幅来讨论在诊断中如何有效地发现问题，但是，归根结底，发现问题不是我们的最终目的，最终目的是解决问题。而要解决问题就要找到有效解决问题的办法和途径。这个看似与诊断无关的问题，其实答案正在诊断的结果中。

为什么这样说呢？

这是因为，学校诊断是对学校发展过程中全面信息的系统收集和分析。看起来，诊断结果表面上容易凸显其所揭露出来的问题及风险，但是，这样的持续、系统的信息背后，更隐含了大量宝贵的优秀典型及其解决问题的经验和策略，只是因为它们不是以问题的方式呈现的，所以，在诊断结果的初步分析中，我们往往容易忽视它们。

也就是说，同样的问题，也许转换一下视角，情形就会大不一样。在这个过程中，搭建多层次交流分享的机制与平台，激发教职工自主改进的内动力非常关键。

学校诊断组可以通过搭建诊断后自主改进的分享交流平台，推动学校、各部门、教师的诊断后改进。比如，教师层面，通过数据确认典型的学科、年级及教师个人，分组与相关人员进行沟通，对进步较大的教师和组织，可以通过深度交流及访谈挖掘其好的做法和经验，并进行适当传播，而对暂时出现困难的教师和组织，则要客观分析原因，并通过恰当的沟通，帮助其找到面对困难、解决问题的具体办法并提高其能力；各年级、各教研组、各备课组、各处室及外聘服务机构等层面，则可以通过反馈来引领各部门负责人明确问题，研讨改进方案，并根据需求进行跟踪诊断；学校层面，诊断过程中发现的重要问题一定要列入实事实办等接受全体师生监督的重要承诺中，由师生监督办理；校务会或办公会则要对突出问题作出改进决策，由专人推进，诊断组可以通过持续的诊断数据的提取和跟踪帮助其监督进展。

分享机制与平台对形成诊断文化、引领教师自主改进有着特别重要的作用。学校能否通过多种措施，搭建多层次、多种类的诊断经验交流分享的机制与平台，如在学校教育年会、教学沙龙以及年级、教研组、备课组等的交流会中，开展诸如

"新教师如何建立良好师生关系"、针对老教师们的类似"我的课堂教学如何遭遇了滑铁卢"的分享等，以及"聚焦全面而有个性的发展"和"如何在学科教学中落实学科德育"等研讨的平台、渠道和机制十分关键。

只有让更多教师在真实、有效的分享中感受到共鸣，获得借鉴，并逐渐形成自己的自主改进路径，诊断就摆脱了标签式评价的不可爱的一面，让教职工们从理解、接受到信任、期待。这时，诊断才迈上了文化建设的高台阶。

（一）对于个体发展，诊断中关注经验比盯着问题更为有效

教育问题的解决从来没有外来的救世主，要相信，能帮助解决问题的经验就在身边，只是需要我们去挖掘。

教育的过程始终是高度情境化的，因为它离不开人与人的互动，在这样的过程中，即使看起来是同类型的学校、同年级的师生，由于学校所处城市的经济、文化特点不同，学校发展历史不同，师生关系的特点不同，即便在同时间段、学习同样的内容，所呈现出来的教育生态以及微观的教育互动关系也是非常不同的。也正因为这样，其他学校看起来奏效的教学法用到自己学校还真不一定行。这是很多教师、校长们的普遍感受。所以，有经验的校长们往往会下大力气狠抓校本教研的质量和水平，因为只有扎根于学校自身对实际教育问题进行研讨，才能最终解决学校自身的问题。

从这个意义上看，只有教师身边的典型才是最能帮助教师进步的"助力器"。关键在于我们是否关注到了这些典型，又是否能挖掘出他们的经验。

有效的学校诊断从其缘起就是为了学校自身改进与发展的，正因此其结果不用于评价个体。但是，由于其面向学校整体，在诊断数据采集时通常都是一类群体的数据在同一时间内全部搜集。比如，教育教学诊断采集的是全校一线教师的数据，处室诊断采集的是全校所有处室的数据，职员诊断也包含了全校每一名职员。那么，当同类群体的所有个体数据都被包含时，群体中一定会有在最类似的教育情境下做得好的优秀个体，而这些典型个体数据背后的经验很可能对其他个体具有最大的启发价值。

这就是我们说的在诊断中关注典型经验的重要意义。

如果说，对学校组织层面而言，发现问题是诊断中要始终保持的开放心态的话，那么，对学校中的个体而言，诊断中关注典型个体的效益一定会大于盯着问题个体。因为，对于所谓的问题个体，告诉他问题并不难，而且他自己很可能正处在最真实地体验问题带来的痛苦过程中，更难的是能否告诉他如何克服困难、解决问题——这样的答案正在他身边那些优秀典型个体的经验中。

在日常的实际接触中，我们曾经多次遇到校长们表达他们对于学校发展的苦恼：教师队伍水平太差，不理解校长的意图，一些好的想法往往在执行中走样。其实，根据我们的经验，能够有勇气或准备进行诊断的学校，大多随着学校发展的积累，教师整体素质也会得到提升。教师中总会有一些理念、行动力都更优秀的个体。如果他们对于学校其他教师的引领作用能够得到最大程度的发挥的话，那么其作用将不可估量。

而诊断对于学校个体发展的首要侧重点应该放在对这些优秀个体的识别、发现以及经验挖掘上，而不是只盯着那些暂时落后、需要帮助的个体和他们的问题。

此外，很重要的是，一定要牢记，这里指的优秀典型个体包含两类优秀典型：一类是突出的优秀典型，另一类是进步的优秀典型。

突出的优秀典型，他们的经验多是日积月累形成的，具有示范性和规律性的价值，对这些经验的发现和挖掘，可以给予更多向优秀努力的个体方向性的参考，他们的经验具有面向更多人的可适应性；进步的优秀典型，他们的经验则更可能给予在问题和困难中行进的个体可直接借用的依靠，更可达个体的最近发展区，具有更强的直接性。而且，一旦我们将对诊断中个体结果的关注从问题转向典型经验时，就会发现，其实越来越多个体会进入到以上两类优秀的典型中。因为诊断数据一直是动态、变化的，当我们关注经验时，我们就会发现更多的优秀。

（二）个人经验只有挖掘并分享出来才会成为发展的助力

经验如果只是个人的，那么就有可能只成为一时的现象；如果能够及时总结、分享给大家，那么才有可能凝练成为规律性的有效知识和技能。这个道理好比教学中我们都熟知的"会做题不如会讲题，会讲的题才一定是真正会做的题"一样。教师的教育教学经验也是类似的原理。若只凭感觉存在于一位位教师自身的摸索中的话，会具有很大的不稳定性和不确定性。即便曾经拥有过这些经验的教师自己，也未必能在下次类似的情境中有效地发挥其作用。只有被挖掘并进行规律性总结、分析的经验，才是可以再一次促进自身，也能有效帮助他人的真正经验。

而学校诊断在这种规律性经验的发现和挖掘上，具有天然的优势。

因为学校诊断覆盖学校中的所有个体，而且由于其周期性的实施会累积大量的纵向数据，在这样的整体性追踪数据中，一些具有有效经验的优秀个体以及一些取得显著进步的典型个体，都会在数据中脱颖而出，而且，数据的可溯性可以还原过程中的表现，以这些数据为源头，可以帮助这些优秀典型个体有效地反思经验、总结规律。

更为关键的是，就像前文已经多次讨论过的，我们所说的学校诊断在项目设计上有一个显著的特点及基本逻辑：服务对象对服务提供者进行诊断。因此，这样的诊断数据中，能够有效帮助学校教师看见学生眼中的自己，帮助干部从教职工眼中看见自己，从教育教学、日常管理服务的实际效果中，而不是自我的主观感知中获取信息、发现规律。

这里仅以某两所学校的两位普通教师面对教育教学诊断数据进行的自我反思为例，从中我们可以清晰地看到通过这样的数据，他们是如何挖掘并形成了有效的经验的。

学生眼中的高效课堂也许是……

王延楠

说到高效，我们的第一反应一定是在最短的时间内做最多的事，或者更严谨地说，做最多有用的事。可何为"有用"？这真是一个模糊到不行的概念。我觉得甲很有价值，乙很有深度，丙也很值得思考，我把这些内容按照我心目中的学科逻辑编排成一节课，这样的课堂一定是高效的课堂了！我在台上兴奋莫名，可对于学生来说，他们听懂了吗？他们能体会吗？他们理解吗？学生很有可能已经在台下渐渐沉入了梦乡。

为什么会是这样？在思考中我慢慢发现，所谓的高效，从来无关乎给予，只关乎接受。我在课堂上给予了多少并不重要，重要的是学生究竟拿走了多少。我曾见过的最厉害的教师，他在课堂上似乎什么都没给予，但学生却拿走了不计其数的财富。

想让学生拿走更多，我们首先要放低自己给予的手。我们觉得好的东西，学生就会觉得好吗？他们目前所处的阶段与我们不同，是否真能体会到我们多年专业学习所积淀出的乐趣？（转引自周瀚洋老师）我们认为清晰的学科逻辑，在学生的脑海中并不存在，不然他要教师何用？因此我们需要和学生沟通，了解对待一个问题，我们和他们究竟有哪些差别，从他们的视角来设计问题。

这些问题的落点可以很高，但起点最好很低。

当我对自己的课没有把握的时候，我会找来一个学习态度认真的学生问问，他对我的课有什么感觉："我在讲这一部分的时候，你的感觉是什么？你听完学会了什么？你在上课过程中有没有想要说说自己看法的时候？"有时，我得到的回答令我振奋，但更多的时候令我沮丧。我的心声并没有那么好地传达给学生。

人与人之间相互理解本来就非常困难，更何况我们和学生隔着至少十几年的光阴。我记得在高一年级听方老师的课，有一个内容我觉得他讲得不清不楚，当时我就在笔记里写下了我的修改意见，并且在自己的课上信心满满地实施了。

可结果是，学生对我的讲解没有什么反应，甚至多数人根本没听懂我在讲什么。

那时我才明白，教师的清楚，有时反而是学生的糊涂，教师需要的不是时刻清楚，而是难得糊涂。这种糊涂基于对学生的了解，故意留下的空隙，没有把学生逼上绝路，给了学生喘息和思考的时间。这里我并不是说我们不能质疑权威，而是我们一定不要对自己有盲目的信心。

除此之外，我还有另一个感受：一堂高效的课，必须有学生的参与。没有互动的课不可能高效。想要有互动，一方面，要有学生能力所及的问题或话题，这一点前面已经谈过；另一方面，我们必须摆正自己的位置，不要显摆自己的厉害。

我们在滔滔不绝地展示自己学科素养的时候，正是学生最容易脱离我们课堂的时候。我最害怕的事情，不是学生觉得我并不厉害，而是学生不经意间表露出这样的观点："你的厉害与我无关。"

课堂是学生的舞台，不是我们的舞台。这句话说起来容易，做起来着实困难，人似乎都有向别人夸耀自己所长的天性。当学生的光芒被我们的光芒掩盖，他们心中就只剩下昏暗了。这也是我做得最不好，必须时刻提醒自己的事情。

另外，高效课堂必须是基于学生自主学习的课堂。我们不能忽视学生课前的努力而只顾在课上编织我们自己的迷梦。假设我每节课都事无巨细地把内容编排得全面通透，学生当然会学得清楚明白，这一点毋庸置疑。但是这会带来什么后果？课前自学过的学生会觉得："我已经学会的东西你怎么还是都讲一遍？那我为什么要自学？"没有自学的学生会觉得："太好了，幸好我课前没有自学，看，老师不还是都要讲吗，你们这些自学的人好傻。"若只是一两节课还无妨，长此以往，学生的自主学习习惯将会被我们彻底扼杀。那我们讲些什么？将前测中学生出现问题的地方编排成问题组，让他们彻底分解其中的内涵，并了解这个问题的变种。别看我在这里信誓旦旦，其实我也不能完全做到这一点，这真的很难。但这不是我们放弃努力的理由。

最后，我想说，我的课堂效率和许多教师相比根本不值一提，但学生给了我认可。这种认可并不说明我的课堂效率真的多么高，而是学生包容了我那些低效的课堂。因此，与学生建立起亦师亦友的良好关系和积极的情感连接，永远是教师这份工作中最重要的事情。

遇见更好的自己
——基于诊断的数据分析
丁小琳

我的成长经历曾一次次告诉我：成功并不需要最强、最优，我只需要努力做好我自己。所以，我愿意接受挑战，发现未知的自己，遇见更好的自己。

1. 遇见，必须预见

其实，说心里话，第一次见到自己的诊断分数时，我有些惊讶。我个人感觉我的得分应该更高，所以心里多少有些不满。但是当看到与年级、学科等平均分的对比时，我又觉得自己还是不错的，每项都高于平均分挺多的。然后我就把这组数据束之高阁了。

直至上学期期末考试，成绩一出来，我教授的两个班级中，其中一个班级的成绩很不理想，可以说是自己从教以来教出来的最差成绩。更为重要的是，在这之前，我根本没预期到会是这样一个结果。

这不禁让我有些害怕：我不怕做不好，更不怕失败，但这次，我不知道为何会败。面对数据，我根本预见不到接下来可能会面临的结果，更别提看到数据可以预见未来发展的潜在问题了。所以利用假期，我静下心开始反思，也就拿出了这组数据开始研究。

2. 遇见，始于发现

首先，我通过横向对比，发现在全人教育、个别化教育、课堂效果和受学生喜爱程度这四项内容中，我的课堂效果和受学生喜爱程度是比较好的，而全人教育和个别化教育是相对弱一些的。尤其是在"老师注重我良好品德和习惯的培养，让我学会如何做人做事""我能感受到老师很关注我""老师帮助我树立自己的目标，并做好学习规划"这三个细分支上，我的得分较低。

我发现这三条有些空洞，虽然和学习都有关，但又好像很难找到具体的落脚点。想到这，"落脚点"突然给了我灵感。作为老师，我的教学主阵地就只有课堂了，所以落脚点最好也只能在课堂。而我的课堂效果得分明明比较不错啊，我自己也一直对自己的课堂比较有信心：我基本上节节课都认真备课，课堂环节尽量紧凑生动，而且重视落实。

这三条的落脚点该怎么放在课堂上呢？

我把分项反复读，最终提炼成了几个方面：品德和习惯的培养——学科育人；老师很关注我——授课与学习模式；树立目标和做好规划——学习方法。这样就清晰明了了。我要想办法解决学科育人、授课与学习模式和学习方法这三个方面的问题。

3. 遇见，乐在研究

针对这三个方面，我开始思考解决办法：再次翻阅了教学大纲，并结合着教学参考书，结合每一个模块的话题，思考了一个个与现实相关的话题，并将此渗透到每一个模块的教学中去。比如，第一模块"Lost and Found"，我就引到社会公益问题上；第二模块"What Can You Do"，我就借着课文话题竞选引到担当和自信；第三模块"Making Plans"，我就借此谈谈做好时间规划的重要性和方法；等等。

其实有时候，这样的交流和探讨就只有短短的 5～10 分钟，但是我发现孩子们都很喜欢，他们会觉得英语原来并不是枯燥的 ABC，他们感受着英语与生活的息息相关，以及通过英语为他们打开更多可能性的大门。要说这就是学科育人，肯定是不行的。但我个人的真实感受是：以前提到这个词，总感觉虚无缥缈，怎么去落实实在不知所措；但是现在我至少觉得，与其盯着自己还拿捏驾驭不了的"阳春白雪"，不如脚踏实地地做点能引起共鸣的"下里巴人"。

再说说授课与学习模式的变化。这点得益于外出学习。我接触到了一个新的软件。虽然我以前也使用过很多别的软件，但是往往不了了之，而且发现学生的使用情况也不是很理想。我总结了一下原因：一是对学习软件的认识不足；二是对使用学习软件缺乏指导和评价；三是学生实际需求和软件并不相配。

吸取了以前的经验教训，这次我分了三步走：首先自己下载使用并基本摸清内容和使用方法后再推荐给学生们；然后将最基本、最简单且最具实效性（与所学课文相关）的内容演示给学生们，并配合及时的点评和比赛，以点带面；最后鼓励孩子们去发现更多的用法并且设置打卡积分制，最终养成习惯。

孩子们的口语打卡热情很高，一个小小的软件改变了好多问题：对英语的学习兴趣明显增强了；因为可以单独随机点评，这增加了与孩子们学习上的交流沟通，解决了我的"老师关注"问题……

对于树立目标和做好规划——学习方法这一方面，我抓住了几个契机：一是通过每次试卷讲评，用分析题目来讲解学习方法和做题思路，脱离了抽象的原理方法，学生们结合着题目会更易明白，也更易操作。二是借着学生们练习口语打卡的热潮，我又借机提出了分层打卡。部分学生应该在能力拓展上得到进步，因此可以阅读打卡，而有的学生基础较弱，就可以单词打卡。这样分层任务的设置，鼓励了更多的学生学习英语，既适合不同水平的学生，也解决了个别化教育这一项的问题。

4. 遇见，方能成就

其次，我又分析了我自己出现问题的原因。两个班级的英语水平存在差距，而我忽视了班级之间的不同班情，用同样的教学方法对待不同的班级，势必影响教学效果。

同时，对担任班主任的班级中的学生了解得很透彻，但是对于非班主任班级中的学生了解程度不够，导致学情把握也不准确。随着教学时间的增长，我潜意识里的思维定式和行为习惯开始成为阻碍我成长的不良因素，经验有时候恰恰是我前进的桎梏。

所以，我经常和入职教师们交流，也去听入职教师们的课，从中发觉自己新的生长点，找到自己的不足。越是这样的心态调整，越让我觉得再次焕发了教学的新生：感觉自己一切都像从头开始，充满着动力和激情。

新的结果再次证明，没有什么解决不了的问题，接受每一次挑战，我们和学生都将会遇见更好的自己。

（三）搭建经验分享机制与平台的关键在于促进乐享

经验分享不是靠经验拥有者单方面自主自发地分享就会完成的活动。通过一定的机制和平台，有效的经验分享才能实现；而正是通过这些有效的分享平台，个体短暂、临时的经验分享才会成为一种有效、经常性的集体行为。一旦经常性的经验分享机制和平台在学校搭建起来，教师们就能感受到学校诊断文化中提倡的有效反思对其成长的帮助和意义。这个时候，才是诊断在普通教师心中生根、开花的时候，诊断才从一件学校行政重视的事情变成学校的一种能力。

但是，我们必须清醒地知道，教师处在一个以个体劳动为主要工作方式的群体中，传统学校中的教师们多半是不容易主动分享各自经验的，一则因为大多数人在展示自己时容易害羞，二则更多因为在传统的日常教育教学情境中，一般教师们没有分享的时间、时机和理由。简言之，分享的过程中，无论分享者和倾听者都感受不到乐趣，没有乐趣的事情，自然不可能苛求大家会愿意去做。

那么，什么样的分享过程才会是充满乐趣的呢？

首先，这样的分享过程一定不是行政要求下的规定动作。我们曾经遇到一些初次接触诊断的学校，面对丰富数据可能发挥的巨大价值，学校管理者们觉得，如果教师们对这些数据结果不加以使用的话，那么就太可惜了，于是要求所有拿到诊断数据的教职工们每人写一份诊断反思和小结，并在规定时间段内在各自组织的集体活动中进行分享。岂不知，这样的行政命令下是不可能出现真正有效的分享行为的，因为，教职工们是被要求、被强迫的，大家不自愿，也就丧失了基本的乐趣。

其次，这样的分享过程未必一定是正式的才好。就像第四章第五节，我们引用的那位一线教研组长分享的文章中所提到的，结果解读的形式和程度一定是多样的，实际上结果解读的过程就是经验分享的过程。这样的分享首先得是自发的才是有效的。自发的分享很可能不是面对众多对象的正式分享，更多自发的分享首先会发生在相互信任的个体之间，而且常常是与他们日常的沟通和交流行为结合在一起的，看起来不那么正式，但是，因安全、放松而乐于进行。在这样的非正式沟通下，分享反而往往会对所有参与分享的个体都有效。

图 5-3、图 5-4 即为一位普通教师在自己的某次教育教学诊断结果出来后与同伴的分享过程的再现。我们不难看到，这样的非正式沟通，对于教师来说，却很有效地促进了分享的过程。

但是，最后一点，我们却想强调：乐享的过程虽然一定不是行政要求下的规定动作，也未必一定是特别正式的沟通，但一定是常常自然、自觉发生的，学校要努力实现的。学校就是要创设这种能激发教职工们经常性的自然、自发的分享行为的氛围。

> **老师们对我说……**
>
> 甲老师：
> 两个班级的诊断数据差别比较大，背后的原因是什么？
> 学生觉得课堂效率低，仅仅是他们感受到的课堂效率低，
> 还是课堂效率确实真的低？
>
> 乙老师：
> 这是你三年以来再次上高三综合复习课，这个阶段的复习课有
> 什么特点？是不是每个班的需求都不同？
>
> 丙老师：
> 以前的那些办法不灵了。

图 5-3　教育教学诊断后的教师同伴给教师的分享反馈

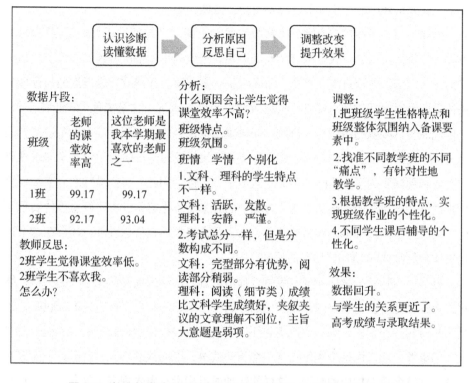

图5-4　教育教学诊断后与教师同伴分享后的自我调整路径与效果

（四）乐享的机制与平台形式多种多样，离教师越近越便捷越好

学校要想创设出能激发教职工们经常性的自然、自发的分享行为的氛围，关键在于搭建多种多样的沟通机制和平台。这里，一个基本原则和有效策略是，这样的机制和平台离教师的日常教育教学工作实践越近、越便捷，则越好。

很多学校都会设置定期的、全校教师都要参加的大会分享活动，认为这样的活动因为定期举行，一定会促进教师间的交流。但实际效果是，这样的活动由于与教师日常的教育教学实践在时间和形式上分离，往往变成教师"人在心不在"的形式主义。其中的根本原因就在于，它没有自然融入教师的日常工作中，因"独立"出来而被拒绝。

有效的做法是，把这些分享的机制自然融入教师必须进行的、离不了的日常工作中，成为实践中的一个环节，唾手可得，方便自然。

比如，与其硬性规定教师必须写教案才能上课，且定期抽查教师是否写教案，不如改变集体备课的形式、内容和互动关系。传统的集体备课多为简单地说说本阶段的课时安排和课程进度，基本上备课组长一言九鼎。而能有效进行沟通与分享的集体备课则对教师们反思自己的教育教学行为极其重视。这是离他们最近的平台，是他们最经常接触的组织活动机制。如果集体备课中的内容不是简单地备进度，而是分析学生的学情，讨论对学生的有效支持，集体反思这一阶段对学生学习重难点的预计和观察到的学生实际表现的一致或不一致性，因此，每位教师的分享和反思积极性就会被自然调动起来。这个过程中的分享既不是容易让人不好意思的展示自己，也没有遇到困难难以启齿的害羞，无论备课组长还是普通教师，都会在这个过程中体会到收获和"看见"自己的乐趣。

再如，与其每个学期初规定每位教师写计划，学期末提交学期总结的材料，结果大部分都是对以往材料的复制和粘贴，这样一来，无论提交材料的教师也好，还是看材料的干部也好，都从中找不到任何乐趣；不如根据学期教育教学进程中自然发生的事件一起说说每个集体在其中经历的故事，谁的故事感人、有趣且让大家有收获，谁就会获得相应的奖项，这样的奖项很可能没有事先规定奖项名称，而且因为个人的经历会融入集体的故事中，所以说起来安全、放松，也常常充满乐趣。更重要的是，奖励的是集体，但获得鼓励的是集体中的每一个人。因此，这样的分享过程不仅是充满乐趣的，而且还充满了感动，参与其中的人都印象深刻。

又如，与其每年进行一次人人自危的绩效考核，过程中每个人都要给他人评一堆分，同时也要被他人评个够；不如简化这种高利害评价的过程和标准，并大大减少评价的频次，延长评价的周期间隔，更多地形成非正式评价的柔性机制，倡导大家通过多种场合下的分享和沟通行为让别人看见自己的思考和进步。这样的柔性机制一定会切分出更多机会给每一个人，任何一个教育教学实践中的具体问题、困难的解决和分享都可以成为每一位教师展示自己的机会。可以通过项目申报制，让每一位教职工在工作中解决的实际问题都成为他们反思、成长和分享的机会，并通过诊断数据的及时反馈给予参照。

有了这种日常性、多种多样的分享机制和平台以后，即便是校园里最普通的一员，都会乐于分享自己的经验，把自己收获的喜悦广而告之，在促进自我进步的同时，也会深深触动身边的同事。

这里，我们与大家分享一所普通学校中一位总务处主任在拿到诊断报告后的反思和对工作的小结。我们会看到，即使是学校里看起来不起眼、不算一线的工作岗位，也会在这样的分享机制下熠熠闪光……

深思数据，心系师生，凝心聚力，以诊导行

吴云丽

寒来暑往，2015 年是充实、幸福与收获的一年。首先，感谢学校领导和全校师生对总务处工作的支持与肯定，大家的笑容和满意的评价是我们不断前行的动力。感谢这一年来与我并肩战斗的同事和朋友，彼此的付出是总务团队生生不息的力量。2016 年，我怀着感恩的心，期许与思考我们的未来。2015 年 12 月，我校与第三方专业评估团队合作，开展了资源、组织与领导、安全三个方面的诊断工作。2016 年 1 月，第一期诊断报告与大家见面，其中包含了师生们对总务工作的肯定，也包含了我们需要思考的不足。因此，我将今天的总结主题定为：深思数据，心系师生，凝心聚力，以诊导行。

这次诊断中的资源定制诊断和职能处室诊断与总务处息息相关，因此将作为重点分析对象。

1. 深研数据，切问近思

诊断报告就像一面镜子，让我们从数据中真切地看到问题和听见声音。因此，我们将非常珍视每一项数据的反馈，深研数据，从数据中找问题，从数据中思策略，从数据中定规划。

从资源定制诊断数据中，我们可以看出，学生最为关心的是操场和食堂。本次诊断的目标就是"与时俱进，将学校建设为学生快乐成长、有效学习，教师幸福工作的地方"，所以学生最关心的事情就是最重要的事情。

学校在操场建设上投入了大量努力。2004 年，我校正式向教育委员会提出申请，11 年来，学校配合基建科办理拆迁手续。手续从申报到批复，由于资金问题进行了两轮，每轮周期为两年，资金也从最早的 1800 多万增长到 3000 万、5000 万、8000 万，最后到 1.2 亿。历经了 11 年，操场最终于 2015 年 7 月施工建设。其

中凝聚着许许多多领导和教职工们的心血。在这里感谢每一位在操场基建工程中付出辛劳的领导及同事们。特别是今年暑假，总务处张老师整个假期都盯守在施工现场，为的就是保证工程的质量；每当操场建设进行到一个新的环节时，罗老师都会来到学校用他的相机记录下第一手影像资料。因为众志成城，所以工程顺利完工。

在诊断报告中，主观题反映出了师生对新建的操场的认可。

过去一年，学校对体育场地的改造获得了学生们的认可，如有学生提到"操场扩建以后感觉舒服多了""操场变大，感觉很爽、很棒""如今的操场很完美"等。但同时，也有更多师生表达出希望体育场地进一步改善的需求。例如，希望能提高设施器材的利用率（提到"很少利用体育设施""篮球太少还不让用""不让学生借篮球"等的留言有9条）；操场地太滑（提到"操场场地略滑，容易滑例""塑胶地面太滑，跑道摩擦力不足"等的留言有6条）；存在卫生问题（提到"会看见一些垃圾丢弃在地上""加强保洁力度"等的留言有3条）。此外，还有"希望晚上能多开点路灯，操场多安点座位""希望能修建足球场""希望把排球换成软排，硬排太硬了""篮球架上的篮网更新不及时""把跑道修成圆的，弯度有点大"等问题。

当然，我们也能从数据中看到师生们对体育场地更高的期望。接下来，我们将按照数据的反馈逐一解决，完善体育场地的建设。我们将提高设施器械的使用率，改善操场地面问题，加强保洁力度，并且购买更多适合学生体育锻炼的器材等，在新的学期，让师生们更加幸福和满意。

2. 心系师生，凝心聚力

总务团队在这一年中付出了很多心血。财务工作繁杂而辛苦，每天面对各种报表和合同，且不能出一点错误。这是一项需要责任感和极度耐心、细心的工作，为全校所有工作提供物质支持。每一次学校活动和基建工程，只要有经费的使用，财务人员都要付出很多时间和精力。年底的预算决算工作是学校一年财务工作的重点，为了保证新学期预算和本年度决算的准确无误，胡老师和王老师放弃了很多休息时间，加班加点、保质保量地完成了各项工作。

在校园当中，我们总能看到张老师和孟师傅辛勤的身影。学校的每一条电路管线、采暖排水都需要定期的维修与保养。这项工作虽然琐碎，但这份工作关系到所有师生正常的教学秩序。有时候天气突变，他们需要连夜回到学校巡查检修。有时候整个假期都要在学校值班。小赵出车几百次，从未发生一起交通事故，保障了学校用车安全。年老师即将退休，但始终早来晚走，在恶劣天气下站好最后一班岗，为学生看好车。年复一年，他们把学校当成自己的家一样，虽岗位平凡，却在很多人心里留下了许多感人的瞬间。

资产管理登记和资产报废处置这两项工作进行得井然有序，我校资产管理流程清晰规范，多年来一直得到后勤管理中心的表扬，这都离不开管理员陈老师的精心管理。虽然她不是我们总务处人员，但同样为后勤工作默默地辛勤付出。

在组织与领导专项诊断的数据中，总务处的部门氛围与管理、部门效能两项诊断得分分别为4.81分和4.43分，处于较好的位置。大家的努力得到了全体师生的认可，也深深地印在了大家心里。学校的后勤团队虽不耀眼，但却坚强而有力量。一直以来，整个团队互帮互助，相互信任与支撑，各司其职却彼此相通。我们就像一个身体上不同的肢体，为了全校师生的利益，凝心聚力，一起向前。因为心系师生，所以踏实认真；因为心系师生，所以始终坚持。这就是我们的团队，凝心聚力，我想我们的团队会越来越好！

3. 以诊导行，扬长避短

"以诊导行，扬长补短"是此次报告带给我们最大的价值所在。在整体的报告中，选择食堂进行诊断的诊断者比例最高，90.63%的学生、88.89%的教师、81.25%的管理者和100.00%的职员均选择食堂进行诊断。因此，食堂工作是我们有待解决和必须解决好的重点问题。

在客观诊断数据中，食堂的问题集中在饭菜品种、饭菜口味和价格定位上。（见表5-2）

表5-2 食堂诊断数据呈现

具体资源	诊断者类别	人员服务		环境支持			资源使用		
		服务态度	言行举止	餐厅卫生	餐具卫生	食品卫生	饭菜品种	饭菜口味	价格定位
食堂	学生	4.16	4.27	4.28	4.11	4.26	3.60	3.60	3.25
	教师	4.64	4.55	4.44	4.00	4.34	3.59	3.52	3.25
	管理者	4.46	4.31	4.15	3.54	4.46	3.38	3.38	3.23
	职员	3.43	3.14	3.71	3.29	3.71	2.57	2.57	1.86

在主观题目中，卫生问题和食堂人员服务态度问题也是突出问题。虽然问题多

且棘手，但我们会正视这些问题。大家给出的意见，就是给我们未来工作提出的好建议。接下来，总务团队会下大力气去解决这些问题。

接下来是我们针对学校食堂做的一些工作及下一步安排。

（1）领导重视，会议通过了自办方案

学校领导对学校食堂自办工作非常重视，校长就自办工作思考了很久：自办牵扯精力大，外包吃不好，走劳务派遣价格会很高等。为了学校师生能够吃好，价格合理，最后行政会研究决定学校食堂自办。学校食堂自办，牵扯了方方面面的工作。2015 年 12 月 4、5 日，我们召开了教职工代表大会扩大会议，大会主要议题就是学校食堂自办工作。

（2）通过并制定了学校外聘人员管理办法及外聘人员工资待遇方案

在研究食堂自办过程中，外聘人员管理制度是我校的一个空缺。随着后勤社会化的发展，外聘人员也会逐渐增加，所以此次教职工代表大会还通过了学校外聘人员管理办法及外聘人员工资待遇方案，这也为学校食堂外聘人员招聘打下了基础。

（3）开展了专业的食堂管理员竞聘工作

既然是自办，那么食堂管理员就很重要。此次教职工代表大会我们还重点讨论了食堂管理员的产生办法。经过大家的分析讨论，教职工代表一致通过由校内产生，同时制定了食堂管理员的岗位职责、工资待遇及食堂管理员校内竞聘方案。2015 年 12 月 18 日按照教职工代表大会通过的竞聘方案，进行食堂管理员竞聘。

（4）考察配送公司，签订合同

严把卫生、进货验收、仓储保管和出仓加工几道关口；强化监督，分层管理，责任到人，严肃追责，不留私情，以保证问题最快发现、最快解决；下发调查问卷，让全校师生参与菜谱的制订，真正做到以师生为本；严格监督食堂菜价，学生餐费的制订与调整都经学校例会决定；加强厨师的培训与菜品创新，努力提升饭菜口味与质量；定期开展例会与培训，加强其他服务人员的服务意识，更好地为师生服务。

（5）创新食堂的管理模式，让食堂资源利用最大化

鼓励学生参与到食堂管理中来，每个班级轮流食堂值周，让学生监督学生，杜绝浪费行为；以班级为单位，开展食堂实践活动，学生参与食堂餐盘、碗筷的收发

工作以及简单的分餐工作；开展生动有趣的厨艺课、实践课、劳动周、工会活动体验等相关的活动，利用食堂资源，为学生搭建更多实践平台。

4. 与时俱进，稳健致远

虽然总务团队得到了许多鼓励与认可，但我们也深知自身的不足。有时候因为人手问题，维修工作不能及时到位；有时候因为车辆紧张，不能满足每一位教师进修用车的需求。我自身的能力也有限，有时候可能疏于管理，还希望大家多多理解、多多帮助。新学期，我们总务团队将群策群力，加强食堂管理，提高维修效率，优化统筹车辆使用，加快体育场地的建设；发现问题及时改进，做到与时俱进；面对赞扬，不骄不躁，稳健致远。

最后，虽然感谢的语言都显得轻薄，但却真心实意地饱含着我们团队每位成员的赤诚之心。我在这里代表总务处每一位成员感谢所有领导和教师们的支持与厚爱。深思数据，心系师生，凝心聚力，以诊导行。2016年，愿我们总务团队蒸蒸日上，愿我们的学生学业有成，愿我们的教师工作顺利，愿我们的学校越办越好！

（五）借助第三方促进者朋友搭建学校间平台，行进在同道者的队伍中反观自身

本节的最后，我们还想补充一点对于学校整体而言有价值的以诊促改策略：寻找同道者，在同行中借鉴其他学校的经验，反观自身。

前文中我们已经提到，不同于学校中的普通个体——解决问题的经验很可能就存于身边其他同伴的经历中，学校整体遇到的每个核心问题和关键问题都是特殊阶段的发展产物，对于学校的过往具有独一无二性，没有办法从自身寻找经验的参照。

而且，由于学校组织的特殊性，其服务的过程是与特殊情境下一群独特的、与他人绝不相同的教师和学生的互动过程紧密相连的。某个学校的互动过程，其他任何学校都无法直接套用，需要高度情境化地再生成。

另外，还有一个耐人寻味的情况是，不同于生产性企业间首席执行官们较为普遍地谈论的产业研讨和共谋发展之道，无论中外，学校组织都还保持着一定的"小

农经济"生产模式，校长们都喜欢在自己的"自留地"上"单打独斗"，有的学校"鸡犬之声相闻"却"老死不相往来"。学校之间，尤其是同一区域的学校之间由于某种微妙的竞争关系，较少主动互相借鉴经验，共商发展中问题的解决之道。但是实际上，心底里，校长们还是非常愿意详闻其中就里的。

根据我们的经验，既然由于行业习惯，直接的联盟协商比较困难，那么，借助其他主题或形式的平台搭建，以实现学校发展的领导谋略之同侪共享，不失为校长们可以考虑的一条通道。

实际上，已经有越来越多的校长们在这个思路上作了很多尝试，这也许是我们基础教育的民间或官方组织中有那么多名目繁多的"学校联盟"的个中缘由吧。

但是，就像任何外部评估不可能真正聚焦或跟踪学校自身的问题一样，随机性、泛主题的论坛也好，联盟也好，对于解决学校发展中当下的核心问题或关键问题的帮助意义终归是非常有限的，用其开阔视野、结识朋友，甚至宣传自己都可以，但是想通过这样的渠道帮助解决真正困扰的问题几乎是不可能的事情。因为任何外在的一次性光顾都只是惊鸿一瞥，也许可以获取激越的思想火花，但能否成为指引我们走出困境的火种，还得靠我们自己举起火把。

从这个角度看，若学校寻求到的可靠的第三方促进者朋友，能够帮助学校建立起通过诊断持续跟进、超越自我的学校交流经验、沟通有无的平台，这对于行进中的学校不能不说是一件幸事。

敢于诊断的学校，就像我们早在第三章中已经分析过的那样，一定是其发展经历了一定积累也到了特定阶段的学校，这些学校在一起探讨的过程中一定不乏真正的共同话题。而且，能够持续进行诊断的学校，也首先是敢于挑战自我，具有面对问题、困难的勇气和信心的学校，它们大多既敢于通过诊断直面问题，也不怕将自己的困难放在大家的视线中，因为它们知道正困扰自己的那些核心问题或关键问题也恰恰是大多数真正想要发展、实现以人为本的教育目标的学校即将或正在经历的沟坎。围绕这些问题的探讨可以是深入而持续的，更何况如果大家一直同行在以诊促改的道路上，那么将真正实现把行动拿出来研究，并在研究中行动的最佳状态。

而且，如果这样的平台搭建是通过大家共同的第三方促进者朋友的话，那么将大大提高平台交流中各学校间的平等和互通性，从而增强平台发展的稳定性和可持续性。

正因如此，这批率先开展基于学生发展的学校诊断的学校将彼此之间的联盟称为"明校联盟"——因为这些学校坚信：这是一批用面向明天的教育发展理念来引领今日之发展的学校，为了明明白白地办好为学生发展、教师成长服务的学校，这个联盟在通向美好未来的路上并肩同行！

第六章　诊断所得

学校诊断从其功用上而言，其实是管理的一个工具，也是管理者建立实证思维的一种策略，还是学校管理文化从外源性到内生性转型的一种路径——就在这样的转型过程中，学校管理由"坚硬"变得"柔韧"，由"明确的要求"变成"无形的氛围"，这时，管理不是就得更多、更复杂，而是走向更少、更简单。

归根结底，其意在让管理可见，其旨在帮助学校的领导与改进，使学校做到心中有数、胸有成竹。

【通过诊断学校会获得什么】

明确"我们走到了哪里"

清晰"我们走得怎么样"

确立"我们下一步如何走"

在前面五章内容中，我们从目标出发，继而分别围绕内容、实施以及结果运用，对学校诊断的各部分重点进行了逐一的讨论。读到这里，可能很多读者都会想，既然我们一直在强调学校诊断是改变学校决策从基于经验到基于证据的有效手段，那么能否结合实例进行更加具体的分析和讨论，以从整体上感受和把握一下，学校诊断究竟能给学校带来什么？

因此，在这一章里，我们将结合具体的数据实例，从整体上再回看，通过这样的诊断，学校将获得什么。

其实，归纳而言，作为现代学校的管理手段和领导策略之一，学校诊断试图回答的问题，也是学校管理与领导要始终面对的三个核心问题：我们走到了哪里？我们过去这一段走得怎么样？我们下一步又将如何走？

当对这三个问题的回答不是完全凭着个人经验判断、"跟着感觉走"的时候，学校管理者们就会越来越多地感受到学校管理不再是日复一日的琐事缠身、疲于应付——从传统的事务管理到学校治理的升级迭代过程中，自主、系统而全面的学校诊断无疑是非常具有价值的途径和手段。

一、明确"我们走到了哪里"

假设我们问一位校长：您觉得您的学校怎么样，发展到什么程度了？

试想一下，一般校长们会如何回答？

一般情况下，与基础教育阶段现实的大环境无法分离，大多数校长们，尤其是中学校长们，会从传统学业评价的角度，先给这个问题一个基本定位：我的学校的中考/高考成绩大概处于全市/区/县××水平。然后，大多数校长会从学校的教师水平、历史沿革、主要的改革或学校建设特色与成就方面给出补充和说明。这应该是绝大多数校长们回答这个问题的基本逻辑。

这种普遍的逻辑其实隐含了两个事实。

第一，很难用一句话，甚至一个方面的概括来说明学校的整体发展状况。因为学校是一个复杂的组织体，单一的维度值难以刻画学校的综合性。

第二，当我们站在不同学校利益者的角度回答这个问题时，所列出的层面以及对各层面的水平判定很可能是不一样的。所以，校长们回答的多半是他自己感知的侧重层面以及对各层面的印象。而这些，往往不一定是大多数教师和学生眼中看重的学校层面及各层面的表现。那么，学校是谁的学校？是校长的学校吗？还是教师、学生的学校？如何尽量保证校长眼中的学校也是教师、学生眼中的学校呢？这样一追问，看来，校长们显然别无选择。只有尽量站在教师、学生的视角，去理解和接受他们眼中的学校，才能了解真实的学校怎么样、发展到什么程度了。

也只有符合了以上两个基本逻辑事实的回答，才是比较准确而全面的对上述问题的回答，也就是，对"我们走到了哪里"的清醒回答。

学校诊断对这一问题的回答也正是按照这样的逻辑来设计的。

（一）通过对八个核心要素的指数比较帮助学校清晰自己的长短板

以图 6-1 为例。

这样的数据图示是我们运用指数算法帮助学校回答"我们走到了哪里"的典型样例。

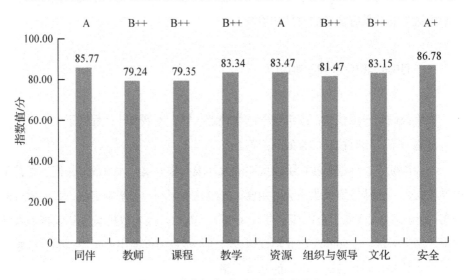

图 6-1　"我们走到了哪里"指数图示

这是结合学校管理中与学生发展密切关联的八个核心要素，给出的具体发展指数图示。由于指数具有综合性强、易操作和理解、能准确追踪等特点，对于快速给出学校各方面的发展状况非常有效。从图 6-1 的指数表现中可以看到，该示例中的学校，八要素指数值在79.24分至86.78分，相对于指数的满分100.00分而言，这样的指数值应该位于中等偏上一点的水平。这是跟绝对标准100.00分相比的视角，利于学校把握基本状况。更重要的是，就像前面所说，学校是一个复杂的综合体，总体的指数值水平只能提供一个大致的水平印象，而八要素上的具体指数值，才能够更加具象地帮助学校明确知道每一个要素上的发展状况。图6-1示例中的学校，相对而言，同伴和安全要素上的指数值较高，均在85.00分以上，说明现阶段学校学生对学校的同伴关系和学校的安全心理氛围以及实际的校园安全、周边安全上感知还是很不错的。这很可能说明，学校的生源状况不错，更进一步表明，学校学生感知的校风还是不错的。同时，相对而言，学校学生对教师和课程的感知相对较弱，指数值在80.00分以下。教师和课程是学校教育教学工作的核心，这两个要素的得分较低需要引起学校的关注。

除了这种通过指数值的绝对值比较，帮助学校从八个要素上明晰自身的各方面状况外，以指数算法呈现的八要素值还能帮助学校从相对比较的视角明确自身的发展位置。

比如，大家很容易发现，图6-1示例中的学校，与第四章图4-7示例中的学校，在从指数反映出的学校发展状态上有一定的区别。除了从自身内部各要素的比较上，能看出两者各自的长短板不一样之外，我们也通过同类学校诊断结果所建立的指数值库，根据该库中所有学校指数值的分布，以平均值上下两个标准差为分界线，将所有学校的指数值进行了等级划分。显然，这个等级划分的方法是一种跟相对标准比较的方法，与跟绝对标准100.00分比较的结果相比，这种基于相对标准的比较方法能够更生动地帮助学校感知到与做着同样事情的学校同伴相比，自身发生变化的节奏、效率是怎样的，以为下一步调整整体布局作参考。比如，图6-1示例中的学校，在同伴、资源、安全要素上均得到A以上的指数等级，其他所有要素都在B++的等级，说明在与其他同类优质学校的比较中，其各要素的表现均处在中等及偏上的水平。

（二）通过指数的变化追踪学校发展的足迹

这种指数值的比较，不仅能够通过一次诊断的结果帮助学校从学生视角快速把握自身发展的基本状况和水平，而且，一旦形成多次追踪对比的诊断数据结果后，其价值将更加彰显。

图 6-2 和图 6-3 是某两个学校连续三年的基础诊断结果历史对比图。从三年的追踪分析中，学校能够清晰地知道每年基于诊断的政策调整重点是否恰当，每年相应的改进措施是否有效，也能更好地据此规划影响学校发展的核心问题和关键问题的整体解决路径和节奏。

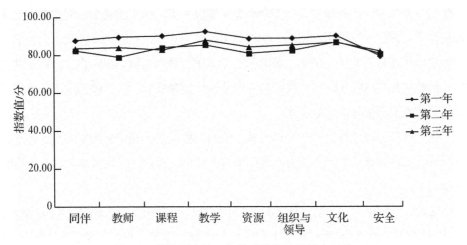

图 6-2　学校甲连续三年基础诊断结果历史对比

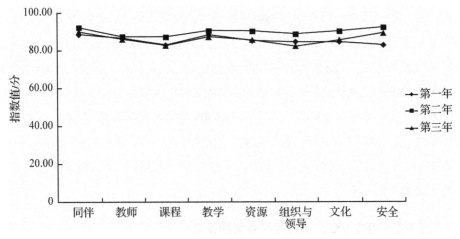

图 6-3　学校乙连续三年基础诊断结果历史对比

而且，毋庸置疑，这种基于每个学校自身的历史对比数据积累时间越长，对学校自身发展的参考价值就越大。这样的数据可以帮助每个学校明晰特有问题的昨天、今天和明天，是把问题置于高度情境化教育生态下的真实、客观记录，也正是每个学校特有的发展轨迹。

（三）通过对师生呼声的质性分析呈现学校的生态

除了上述这种用学生视角的八要素数值型基础诊断结果帮助学校形成对"我们走到了哪里"的客观、全面印象以外，学校诊断还应该采集大量来自一线师生的真实呼声、建议和关注点，通过这些真实的质性数据的分析和呈现，帮助学校把握每个阶段师生眼中的学校真实生态，倾听师生的心声，真切感受学生和教师眼中的学校究竟是什么样子的。

以图 6-4、图 6-5 和图 6-6 三个学校的"标签云"为例。

图 6-4　学校甲基础诊断标签云

图 6-5　学校乙基础诊断标签云

图 6-6　学校丙基础诊断标签云

从三个标签云的对比呈现中很容易发现：第一个学校，此阶段学生对学校的积极情感明显占了主流，爱学校、以学校为自豪等正面表达满屏可见，而只有很少的字样表达了学生对学校某些方面小的建议和期望；第二个学校，明显可以看得出来，学生对学校日常生活中很基本也很重要的食堂、宿舍方面还有很多期待，同时希望学校给予更多自主学习时间的呼声也很高，学校此阶段"学生基本生活需求"方面的矛盾还是比较突出的，说明学校的管理在为学生服务的导向上还有很大的进步空间；第三个学校，学生则相对在安全、作业负担以及活动安排和自主时间上有更多需求，说明学校目前在学生的学习和发展需求上还可以进一步细化。

这种标签云是我们所有参与了诊断的项目学校都非常喜爱的一种数据呈现和运用方式，简单而言，它的基本方法就是把所有师生的原始留言和建议编码、录入专门的质性数据分析软件，然后，类似的标签云就可以生成了。其中，"云"上的内容字体越大，表明在众多的原始信息中，关于这些的相同内容的条数越多，也就说明，这个阶段的学校师生眼中对学校这方面的印象越深，表达或建议越多。这样的标签云可以非常生动地再现出学校某个阶段的真实生态。我们积累的大量数据也说明，标签云上反映出的学校阶段性特征和学校该阶段的真实生态是非常一致的，而从每年标签云的追踪、对比上，也能清晰地看到学校改进和发展中真实的变化历程。

(四)通过对学校整体管理的专项诊断进一步把握状况

给学校进行全面体检的基础诊断能够帮助学校明晰"我们走到了哪里"，与此同时，一些重在对学校的整体管理状况进行专项诊断的结果也能帮助学校回答这个方面的问题，而且，这些数据主要来自对于学校管理的感受更为直接的教师层面。

以某两个学校在学校领导力专项诊断上的结果对比图为例。

从图6-7、图6-8的对比中不难发现，两所学校教师目前感知到的学校组织与领导力的整体状况是很不一样的(学校甲中，无论是教职工还是管理者，对学校领导力的感知整体偏高，且三者之间差异小；学校乙中，教职工的感受整体偏低，而且与管理者之间的差异较大)。教师感知的学校领导力在很大程度上能说明学校现阶段的整体管理运行状况，甚至能够预测未来一段时间的学校发展力，对于学校调整管理办法和策略以及部署下一步的发展规划至关重要。

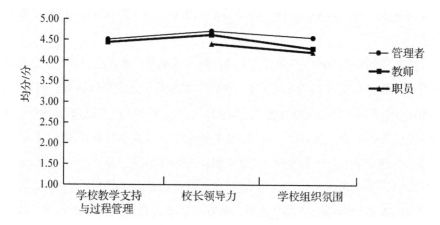

图6-7　学校甲在学校领导力专项诊断中的三者对比

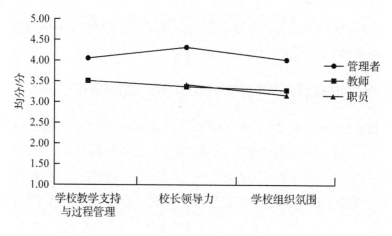

图6-8　学校乙在学校领导力专项诊断中的三者对比

而且，对于每所学校自身而言，即便不和其他学校的学校领导力专项诊断结果
进行对比，只从自身各观测点的量表分绝对值上也能判断自身的总体组织与管理运
行状况。因为每个学校组织与管理运行状况或问题的形成都是与其历史沿革和教职
工群体的特点紧密关联的，即便同等分值，问题表现形式和由来也都是很不一样
的。因此，从测评数据分析和诊断结果解读的原则上出发，我们都不建议拿专项诊
断结果进行更多的横向比较，每个学校将关注点放在自身纵向数据的变化和追踪

上，对于学校的改进和发展将更有意义和价值。

正因如此，我们引入了一种一线学校喜闻乐见的"红黄绿灯"式数据呈现和解读方式。

从教职工视角进行的学校领导力专项诊断，其测量的本质是一种对学校管理运行状况的诊断，而只要是组织的管理，就不可能出现人人满意的结果，因为协调、平衡组织中各群体的利益分配就是管理的目标，在这样的目标驱动下，学校领导与管理不可能取得所有人的满意。因此，我们提出，学校领导力专项诊断，只要达到一定数值范围就是安全、有效的，而这个数值范围是根据诊断者的人数比例来测算的。比如，当量表满分为5分时，如果诊断分值在4.5分及以上，那么就意味着至少有一半的人是"非常满意"（5分）的，还有一半的人是"比较满意"（4分）的。而这样的满意度作为现实生活中一次态度测量的结果，显然是安全的。

基于这个逻辑和算法，我们建议绿（灯）区为安全范围，黄（灯）区为一般、尚可的范围，红（灯）区则为警示范围。借此，可以简洁、有效地帮助学校掌握整体组织与领导的状况，并及时发现问题或预警了。

（五）多数据模态下的常态信息也能表现出学校的客观状况

多数据模态支撑下的学校诊断，还能通过常态学校运行过程中的行为数据或者通过观察、访谈获得的信息形成学校发展状态的客观表现型数据。

科学、有效的学校诊断一定是需要通过学校诊断组和第三方促进者朋友的协同合作机制，通过周期性的常态实施来完成的，因此，全过程参与学校诊断的第三方就有了很便利的位置优势，能够帮助学校获取来自不同视角的多模态数据支撑，从而获得诊断的客观数据和质性信息之外的其他真实信息。比如，促进者朋友在和学校诊断组深度互动的过程中，可以真实地感受并记录下学校诊断文化建设的进程，从学校诊断组工作开展的效果和效率上，清晰地感知学校组织的反思力和执行力，这些对于学校整体的管理与运行状况感知往往是很有效的信息。

先举一个所有项目学校都深有体会的例子吧——诊断组织与准备过程中对基础数据的整理过程会大大地考验和检验学校的日常管理水平。有效的诊断需要明确的、一一对应的诊断者与被诊断者的关系，才能为被诊断者提供来自其服务对象的诊断信息，为其行为调整提供切实有效的参考，因此，在诊断数据采集之前，一项很重要且基础的工作，就是要梳理学校日常运行过程中的各类基础性数据。这些基础性数据包括学生的选课信息（需要对应到每一个教学班）、各类人员的信息及其相应的服务对应关系等。这些信息也恰恰体现了学校日常管理工作的常态。正因如此，基础数据的梳理过程往往会成为对学校日常数据管理工作的一次"大规范"，过程中所遇到的困难、所发现的问题甚至漏洞，其实也是学校日常管理工作是否到位的一次真实行为呈现。比如，我们的项目学校在这个过程中往往会发现，选课信息中的某些教师其实已经休产假、病假甚至离职，"名字在人不在"的现象屡屡可见；有的项目学校会发现，一些计划中的校本课程，在学生们的真实课表中已经被悄悄抹去，计划的课程与实施的课程并不对应；还有，更经常遇到的问题是，某个岗位究竟对应哪些人员或者某些人员究竟服务的是什么岗位等比较模糊、不确定，自己不清楚，也不知道谁清楚……这些基础数据的状态和规范化水平，其实就是学校日常管理工作状况的一个生动而真实的体现，我们可以称这些基础数据为学校管理与运行的真实行为数据。所以，在我们与不同项目学校协同合作的过程中，早在基础数据准备的环节，就能预知学校管理工作的丰富度与深度，也能窥见学校日常运行中的规范和效率。

实际上，不止学校基础数据的整理过程，学校诊断组在运用"四流程十八步"进行诊断工作组织与推进的全过程中，在哪些步骤上会遇到困难甚至阻力，在哪些步骤上会有创新和新的经验生成，也会在很大程度上佐证学校整体管理效益的状况和水平。在诊断工具校本化、达成共识的过程中，哪些诊断工具、哪些观测点、哪些内容会在校内共识达成过程中引起更多的讨论甚至争议，也能生动地再现学校教师教育教学理念的发展水平。除此之外，有经验的第三方专业评估团队一定会随着学校诊断工作的推进，选择不同侧重的观察重点进入学校的常态课堂、教研组研讨或者学校的重大活动中，以学校"第三只眼"的视角观察其中不同群体的常态表现，也能获得每个阶段学校真实生态的表现型数据。

同样地，在第三方专业评估团队的帮助和支持下，随着学校诊断工作的不断深入进行，学校诊断组会获得关于有效观察、访谈法方面的培训与指导，在这些并不复杂的技术培训支持下，以学校诊断组成员的沟通工作为依托，学校也会积累下大量的对学校中不同群体的访谈、观察数据，从中清晰地记录下所观察、访谈的个体和群体的行为和思想的调整、变化过程，而这样的数据一旦累积下来，也就是宝贵的学校发展的真实表现型数据了。

这样的多模态数据互相补充、验证，就能够非常清晰地帮助学校明了"我们走到了哪里"。

当然，这里所说的多模态数据，更多是指学校可以运用诊断以外的其他来源数据与诊断数据进行相互验证和补充，帮助学校从多个视角和多个角度明晰自己行进的步伐。比如，区域教研组织对学校常态课堂的观察和评议结果、区域教学质量分析的数据、区域的教育督导数据，甚至网络上一些来自家长自发形成的信息等，这些数据都可以帮助学校进行横纵比较、多视角分析，客观把握自身的整体情况。当然，由外而内或者自上而下的各类数据或信息，由于其数据采集背后的目的的多样性，不一定能有效帮助学校自身客观分析优势或者问题，学校要学会在这些样态复杂、来源不一、科学性参差不齐的数据中进行辨识和判断，让数据为我所用，而不要迷失在芜杂的"大数据"中，失却了读取数据的能力。

二、清晰"我们走得怎么样"

如果说对于"走到了哪里"的问题，大多数校长都是凭经验来回答的，那么对于"走得怎么样"的问题，则基本靠感觉了。这既是我国基础教育阶段学校校长们面临的困境，也是作为教育研究者最应该为校长们提供支持的内容，更是学校进步与发展最需要沉心、用力的地方。

学校诊断积累的数据和信息在这个时候会对学校管理者们显现出非常重要的价值，若管理者们有心，会在此大大借力。

其实，从本书的第五章开始，我们就已经对此展开了充分讨论，而上一节对"我们走到了哪里"的回答，实质也是对"走得怎么样"的一个基础性判断，它为下一步的细致梳理、分析奠定了基本的前提。因为如果没有基本的长短板、优劣势判断，那么进一步的问题成因分析也常常会纠缠于细节而只顾"埋头走路"，无法"抬头看天"了。

（一）通过对优劣势要素的专门分析，发掘经验，寻找问题成因

通过基础诊断中基于绝对标准和相对标准的比较，明晰了每个阶段的学校优劣势要素后，分别集中对这些要素背后的经验或成因进行专门、深入的分析，是非常值得花工夫的环节。每个学校诊断数据的背后都是当前阶段学校活泼、生动、真实的人和事的反映，这种持续、自主的常态数据采集，既可以记录学校的工作历程，又可以帮助学校回顾、反思每一个进程中的得与失、经验与教训。

这里，一个基本的方法是：通过得分高或进步明显且不同群体间感知差异小的优势要素发掘经验；同时，通过不同群体间感知差异大，或者不同群体感知得分都普遍较低或者得分都明显下降的暂时劣势要素层层剖析，将问题具体化。

我们始终不可忘记，本书所说的学校诊断，始终是基于学生发展这一核心的。上一节说到的基于绝对标准（指数的最高分 100.00 分）和相对标准（同类学校中的指数等级表现）的指数比较，都是学生感知的指数比较，因此，优劣势要素的判断，自然要先看学生感知的指数表现：学生感知得分高或进步明显，一定是优势要素判定的先决条件。

但是，学生感知得分高，学生和教师、管理者之间感知差异大，或者教师和管理者之间感知差异大，则都可推断此要素上的学校工作尚存在较大风险，不可认为在这方面的工作上过去阶段学校做得稳妥而有效——只有学生感知得分高，而且三者之间感知差异也小，才能说明这一阶段学校各相关群体对这方面的状况感知都较好，这方面应该是学校现阶段的优势要素。当然，随着学校常态诊断数据的累积，即使在某一年度的某个要素上，三者感知得分的绝对值并不是很高，但感知差异小，而且与上一年度相比，在该要素上，三者感知得分提升明显，也能非常清晰地说明，过去一年学校在该方面的工作是卓有成效的，值得及时总结、固化经验。

依此类推，如果三者之间感知差异大，或者三者感知得分都低，或者得分都明显下降，那么则提醒此方面工作学校尚未找到要害或症结之处，也或许用力不当，导致效率不高，效果不好，是值得深入分析原因、寻找对策的短板之处。

然而，由于每个学校及其自身历程的独特性，有的时候，即使不同学校的某些

诊断数据呈现了相同的趋势或节点上相似的模态，但结合学校实际过程，其实得出的可能是很不一样的原因分析，或者反之，看起来不一样的数据模态，其实反映了同样性质的问题。以图 6-9、图 6-10 中的学校数据图为例。

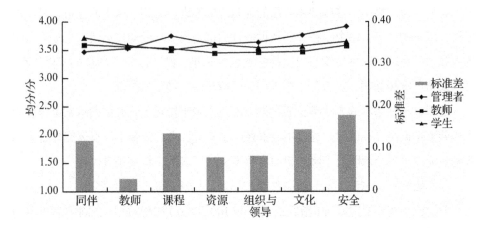

图 6-9　学校甲基础诊断结果的三者对比

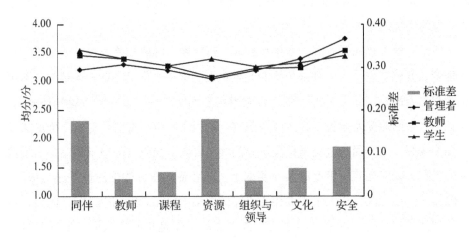

图 6-10　学校乙基础诊断结果的三者对比

以安全要素为例，看起来，学校甲中学生对安全的感知得分明显高于学校乙，是否表明在安全要素上学校甲该阶段的工作要比学校乙做得好呢？结合两个学校的实际情况，其实不然：学校甲在过去两年安全要素都是八个核心要素中学生感知明显最好的要素之一，而这一年的得分其实相对于该学校自身的历史数据是明显下降的；而且更值得警惕的是，这一年在安全要素上，该学校管理者的感知非常明显地好于教师和学生的感知，这很可能说明，在过去一年中，在安全的学校环境建设方面管理者们觉得做了不少工作且自我感觉良好，然而，教师和学生感知到的却未必如此，因此，对于学校甲，过去一年的工作中，安全要素恰恰是值得关注和警惕的方面。而学校乙虽然同一时期在安全要素上学生的感知明显弱于学校甲中学生的感知，但是，相对于其自身的历史数据，变化并不大，而且，三者之间的差异也较小，因此，对于学校乙而言，校园安全、周边安全和安全的心理氛围方面，目前并不是其突出的劣势要素，而可能是相对较为平稳的层面。

因此，运用正确的数据分析方法是学校寻找本阶段优劣势的基本手段，但是，对于"走得怎么样"的判断则一定要结合学校自身发展变化的进程，透过数据的表面回到工作历程本身。只有还原历史和现实的数据，才是能够解析问题的"前世"和"今生"的有效参考。

（二）深入剖析专项诊断结果，掌握核心、关键问题上的状况和进展

基础诊断的断层扫描式诊断，是帮助学校从全局和整体层面明晰"走得怎么样"的有效手段。同时毋庸置疑的是，学校里最重要的事情永远是教育教学，因此，从针对学校核心业务的专项诊断出发，也可帮助学校明晰学校最重要、核心和关键问题上的具体状况和进程，保障育人目标的落地。

一些与学校业务紧密关联的专项诊断，其周期应该适当缩短，如教育教学诊断、班主任诊断、导师诊断等，应该每学期都要进行。这样，以学期为周期的核心业务诊断，能够帮助学校和教师们及时掌握最新进展，以便及时进行策略和行为调整。

而且，由于这样的重要专项诊断是覆盖到所有教育教学一线教师的，同时，学校诊断的诊断者样本来自全校学生，因此数据具有很高的参考价值和很强的生态性，非常利于学校深入剖析。

以教育教学诊断为例，首先，学校可以通过全校的数据，对所有年级、学科的情况进行整体把握，从而在同样时段，面对同样学生的背景下，分析不同年级和学科、不同教研组甚至备课组在教育教学上的实施和落实情况，发现走在前面或进步明显的小组织，以便及时挖掘有效经验，同时进行学校层面的及时传播，尽力确保

各层面的教育教学实施不偏离学校的整体育人目标，行进在一致的方向和进程上。其次，对于各个教育教学的组织单元，学校诊断组也能帮助各组织的负责人从中提取自己组织的群体性数据，以把握自己所在组织及其中的每一位教师的状况和进程。对于表现优秀的群体或个体，通过分析经验和分享优势的做法，激发其持续进步的内动力；而对于存在困难的群体或个体，则可以借助及时性的数据有效地帮助其分析原因、寻找对策，以有的放矢地进行行为调整。最后，从这种全面覆盖的专项诊断中，学校诊断组还能帮助每个教师获取对自己教育教学过程有效的反思性数据，帮助教师们看见学生眼中的自己，看到自己辛苦工作所获得的效益，为教师的教育教学进程提供一个看得见、摸得着的"风向标"。

所以，在我们的学校诊断项目学校中，随着诊断工作的不断推进，不少部门都已经把与其核心工作相关的专项诊断数据作为其工作中的重要参考，每学期或每学年通过诊断的专项数据反思部门或业务链上的工作，已经成为自觉的需求和自然的习惯了。

这些重要的、具有学校普适性的专项诊断，不仅可以帮助学校从整体上把握核心工作的进程，而且可以帮助校内各相关组织明晰自己所负责的业务或工作"走得怎么样"。

（三）建立不同诊断项目结果之间的关联，以学生为中心，把方向，调进程

除了分别参考基础诊断结果和各个与组织的业务紧密相关的专项诊断结果，从其自身纵切面上进行"走得怎么样"的分析以外，还要注意把不同专项诊断之间的结果进行横向的关联分析，以学生视角为中心，把握学校的发展始终不能偏离育人目标的初衷，坚持方向，并在进程中以此基线为准，确保走得"不走样"。

学校诊断的诊断项目逻辑就像第二章第三节已经介绍的那样，是从服务对象的视角对服务提供者进行的诊断，因此不同诊断项目的诊断者可能会由于诊断对象的不同而有不同。虽然大部分诊断项目是师生共同参与的，同一项目中可以直接进行师生视角的数据的交互验证，但是，还有一部分项目是只有教师作为诊断者或只有学生作为诊断者的，这些项目分别从项目内部来看时，对于诊断对象都有工作调整的参考价值，然而，容易被忽视的是，把这些项目的诊断结果横向关联起来，看看学校的工作

是否都回到了学生这个中心上，以及在这个方向上，究竟"走得怎么样"。

　　以表6-1中某学校同一学期教学及组织与领导两要素下专项诊断结果的关联分析为例。正如前面已经多次提到的，在教学要素下设置的教育教学专项诊断，可以通过学生给他的每一位授课教师进行教育教学情况的诊断，来帮助教师获得教学中的有效反馈数据，同时学校可以从整体上获得全校学生对各学科、各年级教师教育教学的整体感知情况。而组织与领导要素下设有多个专项诊断，学科诊断只是其中的一个小专项，它是通过每个学科下所有教师对其所在的学科的负责人进行领导力及所在学科组织氛围与管理状况两方面的诊断，从而使各学科主任获得其学科管理及建设相关的反馈数据，同时学校也可从整体上获得各学科发展及建设的相关情况。因此，对学科诊断结果和教育教学诊断结果进行关联分析，可以有效发现各学科组在日常管理及学科建设上与学生感知到的教育教学情况之间是否存在较大的反差。

　　由表6-1可以发现，在该学校大部分学科保持两类专项诊断的结果趋势相对一致的情况下，两门学科却出现了不同类项目上的结果趋势有反差的情况。比如，在由本组教师进行诊断的学科诊断中，化学学科排名九大学科中的倒数第二，而在教育教学诊断中，无论是初中部学生还是高中部学生对化学老师教育教学的感受，化学学科的排名均位于各学科排名的前列，分别排名第三及第一。这种情况揭示出在该学校，化学学科的教师整体教育教学水平比较高，也能够较好地坚持以学生为中心的方向，因而很受学生们的认可，但化学学科的教师对于平时的学科管理及氛围建设存在一定的不满，这提醒学校应关注该学科组的团队协作及和谐氛围的建设。而以政治学科为例，却表现出了一种相反的趋势，在学科诊断中排名第二，而在教育教学诊断中排名则不太理想，初中部学生对政治老师教育教学的感受相对差一些。这种情况则是在提醒政治学科的负责人应思考日常的学科建设及教研活动的效益是否真正落到了学生身上。不过，也要看到，该学校无论是学科诊断还是教育教学诊断，得分都是比较"安全"的（除了地理学科的学科诊断得分确实略低以外），虽然有这种反差的趋势，但是问题应该并不突出，关注即可，不用过于紧张。如果既有这种反差趋势，同时得分又相对较低，那么就值得格外关注了。

表6-1　某学校同一学期学科诊断结果与教育教学诊断结果的关联分析

学科分类	学科诊断结果	教育教学诊断结果	
		初中部	高中部
	得分(排名)	得分(排名)	得分(排名)
语文学科	92.20(7)	96.73(5)	95.19(7)
数学学科	93.60(4)	97.59(1)	96.15(3)
英语学科	92.40(6)	97.26(4)	95.34(6)
物理学科	93.60(4)	95.39(8)	95.12(8)
化学学科	91.60(8)	97.26(3)	97.10(1)
生物学科	95.20(3)	95.74(7)	96.86(2)
历史学科	97.40(1)	97.27(2)	95.94(5)
地理学科	86.60(9)	96.01(6)	93.50(9)
政治学科	95.80(2)	94.88(9)	96.01(4)

注：阴影底纹表示该学科的学科诊断排名与教育教学诊断排名差异大于4。

这种通过不同项目间的横向关联分析，使得诊断项目之间的数据不再是孤立的点上数据，而是基于学生发展的学校教育教学链条上的一个环节数据。所有环节上的数据都要通过"学生发展"这根红线串起来，并以这根线为基准、为方向，始终走在这根线上不偏离。

应该说，"学生发展"这个基准是判断学校进程"走得怎么样"的最清楚的标尺，而学校诊断让这根标尺随时清晰可见、可参照。

三、确立"我们下一步如何走"

其实，无论是明确"走到哪里"，还是清晰"走得怎么样"，最终还是为了确立"下一步如何走"。这个看似已与诊断本体的工作无关，但是，其效果早已预含在了诊断的前期流程中。换句话说，诊断本身的工作流程是否扎实有效，已经预示了我们能否有效地通过诊断确立下一步的行动方案，提高学校决策的科学性和实效性，最终从基于经验的传统学校管理走向基于证据的现代学校治理。

此外，这方面的基本策略和原则，我们实际已经在第五章中进行了较为充分的讨论，这里，我们再换一种视角和逻辑进行简单的再梳理。

（一）听建议，拓思路

有效的学校诊断一定是学校诊断组与第三方促进者朋友通过协同合作机制完成的，第三方促进者朋友一定要通过全流程的介入，与学校一起收获诊断的各种结果。因此，当完成了一个完整的诊断流程后，促进者朋友也将通过第三方的视角和位置，看到学校"走到哪里"的变化，并对"走得怎么样"有独立的判断；而且，正因为第三方促进者朋友的定位，朋友立场的、促进者视角的、关于"下一步如何走"的专业建议将会形成。对学校更有价值的是，来自这类专业第三方促进者朋友的建议由于是站在所有同样进行诊断的学校的"群体像"之上的，因此对于学校而言，特别具有破除"不识庐山真面目，只缘身在此山中""魔咒"的支持作用。

因此，每一个流程的诊断结束之后，学校应认真、平静地听取来自第三方促进者朋友的建议，为确立下一步的行动方案打开言路，也打开思路。

有时候，由于第三方促进者朋友并不在学校教育教学实践的第一线，也不可能亲临学校每个全面、真实的教育现场，学校会感觉来自他们的建议比较抽象而模糊，有一种"站着说话不腰疼"的感觉。实际上这也确实是第三方促进者朋友不可能在确立下一步行动方案中与学校自身保持同样高的敏感度和真实性的局限所在。但是，所谓术业有专攻，来自第三方促进者朋友的建议本身就不是解决学校问题的"灵丹妙药"，而是有效视角和更广阔思路的重要参考。也许，它会为我们提供一些"配方"的参考，但具体的"制药"过程还要靠学校自身——更何况，学校问题的解决从来就没有立竿见影的"特效药"，教育的改变需要过程，需要时间，也需要守望。

这里，其实更深刻的含义是，学校不要认为，有了可靠的专业第三方促进者朋友，不仅能大大提升学校诊断的有效性和科学性，而且能让学校的改进和发展从此有了更可靠的"指望"——教育的改变从来不要指望外来的神奇力量。但是，如果学校管理者自己能够打开视野、拓宽思路，放开自己的同时也更好地理解别人，倾听并接受来自学生、教师的声音，不再过多纠结于作为管理者的辛苦、无奈和委屈中，转换自己看待学校里的一切的视角，就会发现改变学校的神奇棒握在自己手中。

另外，还有一点非常值得重视的是，这里的"广开言"不仅仅指听取来自熟悉的第三方促进者朋友的一家之言——学校应该建立类似的更多更广泛的"言路"，在不同建议的比较和不同程度的吸纳中，丰富下一步的行动方案。当然，这时学校管理者自我的定力和判断力很重要，多听建议是为了打开思路，同时也应该不断提升对建议真伪和价值的识别力。而且，优秀的学校管理者要善于建立对自身成长有帮助、对学校发展也有价值、来自不同类人群的"朋友圈"。大量研究和实践经验表明，这种对学校以外资源的获取和整合的能力，正是校长领导力的重要特质之一。

（二）改变课程与课堂，小步走，盯准方向不放松

无论是对某个阶段多所学校诊断数据的横向比较，还是对某个学校多次甚至多年诊断数据的纵向追踪，我们都不难发现，有些问题是学校一定会遇到或者一时难以解决的复杂、核心问题，而它们对于学校的发展又至关重要。

比如，课程建设问题就是这样一个为大家所熟知的问题。每一所学校在建设发展之初，都会着力于学校课程的设计、提供与实施，而无论学校发展到哪个阶段，课程永远是制约学校发展水平、决定学校发展高度的问题。因此，无论哪个阶段的学校进行诊断时，总会或多或少发现学校课程方面的不如意和待完善之处，所以，学校"下一步如何走"的行动方案中，永远也少不了对课程建设的布局谋划。

面对这类问题，我们的建议是：明确方向，坚持核心价值不动摇，锚定核心目标不偏离。这些，有时候比具体的措施和办法更为重要。只要方向是明确且正确的，核心始终围绕学生的发展，无论快慢，即使再小步，学校也是在前进的。这样的走，远比停滞不前、待在原地不动或者大踏步地往错误的方向上背离，对学生、对学校而言更为幸运得多。

仍以课程建设为例，学校课程建设的力度和速度在很大程度上会受教师的课程研发力所限，这是所有学校管理者必须清醒面对的现实。对于某些学校而言，如果由于种种原因，学校教师们现有的课程研发水平有限，那么是否就可以放弃或暂时不进行对满足学生发展需求、适应学生个性发展的课程的研制呢？或者，是否就可以为了教师的"适应"，而通过对已有课程的简单加时加量"填满"学生的时间呢？

这个问题当我们这样写出来时，恐怕很少会有学校管理者们给出同意的答案，但回想学校的具体实践，采取这种做法的学校在现实中还真不能算是少数，因为这样的原地踏步或者简单的累加对于学校来说是最安全、最保险的事情。然而学校却完全忽略了这样的"安全"和"保险"纯粹是基于管理者或教师视角的。而当学校的行为和发展出离了"学生发展"这个核心时，也就背离了教育人事业价值实现的方向，教育也就不可能真正发生了。

正确的做法应该是，哪怕看起来遥遥无期，做起来显得微不足道，也要一直坚持做下去。比如，从容易的活动课程做起，到逐渐形成学校可供学生选择的活动课程体系，然后再从活动课程到真正的校本课程体系……慢慢地，教师们的力量就会在最真实最根本的教育过程、课程建设过程中不断壮大，过去看起来"不那么行"的教师们会表现得越来越好；渐渐地，引桥课程、援助课程、延伸课程，再到完整的必修和选修课程体系，及至满足学生个性化需求的分层分类的丰富的课程体系，就会在与学生真实互动的过程中不断生成、深化开来，当初看起来不可能的事情，就会在一直的小步走中慢慢实现了。

应该说，课程建设的不同阶段，步子可以有快有慢，当教师们的认识不那么一致，想法还没有统一时，允许小部分人先走几步，其他人可以将步子放慢下来，没有想清楚不要急于走。但是，只要整个队伍都行进在正确的方向上，只要有人一直在往前走，即便有时队伍拉得很长，队形看起来有点散，整个队伍最终也会被带动，甚至在一定阶段由于积攒了一定力量可以急行一段。

所以说，在学校每一步的行动方案中，对于那些方向性、核心性的问题，一定要坚持下一步继续"往前走"，永远不要停下来或放松。

（三）组织结构真变革，布局谋篇整体设计、稳步推进

在确定学校下一步的行动方案时，有些核心业务工作，如课程、师生关系等，一定要通过持续的诊断确保在正确方向下不偏离，从而保障育人目标的落地；有些则要为业务工作提供关键支撑，如组织与领导、资源与支持等。

在这些支撑性工作的设计和实施中，有的需要短平快地落实与保障，如资源的建设与维护；而有的则关系到学校中每个人的切身利益，需要精心设计和分步到

位，其影响的将是整个组织的活力和持续发展力。其中，最为突出的就是组织的结构和关系问题。

几乎我们的每一所项目学校在根据诊断结果确定下一步行动方案时，都会遇到一个看起来相同的问题：如何解决学校中由于层级过多而引起沟通效果递减，从而导致师生感受到学校"说的和做的不一致"，以致影响师生的校园生活质量和满意度的问题？简言之，就是学校组织机构的优化或变革如何才能更好地为师生服务？

这是学校发展中实现学生快乐成长、有效学习，教师幸福工作的目标下，一个绕不过去的关键问题。可以说，很多传统优秀学校之所以难以向全面卓越迈进，根本原因就在于此：即便有了良好的师资、丰富的资源、勤勉而优秀的干部，学校生态就是无法让教育自由呼吸，归根结底，学校结构中师生被压在了最底层。因此，如何优化、变革学校组织结构，提升学校的整体治理能力，是每一个朝着实现真教育目标前进的学校必须攻克的堡垒。

这里面包含着一系列要"侵犯"某些既得利益的工作。例如，组织结构的重新布局需要重新理顺每个部门和组织的责、权、利的关系；需要重新确认职能部门和年级之间的关系究竟是服务和被服务，还是管理和被管理；需要适应教师所在组织中年级组和教研组的新型关系，由传统的年级服从教研组的安排和要求，到双向矩阵下的平等合作关系等。

更困难的是，有些学校看起来组织结构的变革已经"落实到位"了：学校由传统的处室部门整合成了几个服务教师发展或支持学生活动的中心，级部制也看似具备了，但运转中学校新提倡的理念仍旧贯彻不通，教师积极性不高，教育教学的生态没有大的改变……究其根本，是因为只改变了组织结构的形式，却没有改变组织中人的状态和关系。

这里，最重要、最关键的问题还是教职工的聘任、职级以及薪酬的制度设计和实施的问题。只有这一制度和组织结构的改革配套实施，才是真正的学校组织结构变革向治理能力转型的完成。整个过程由于牵涉到学校资源与条件、区域政策、管理者的经验、与团队的情感积累、个人勇气和魄力，甚至学校历史沿革下的某些特殊问题等，需要智慧地进行整体布局谋篇、逐步沁入人心后，系统地推进。如何在这个"大动奶酪"的过程中不激化矛盾，硬制度、软着陆，需要前期细致的情感联系和沟通、团队力量的精心积累，并选择合适的政策环境和时机分步实施。而一旦开始执行就需要坚定不动摇，议定的原则一以贯之，只要在确认价值目标的前提下，哪怕打破所谓的公平也在所不惜。

在这个过程中，也许某些层面的学校诊断数据会出现"震荡"或异常，但如果能够预见并断定这是变革中利益重新切分后的"阵痛"引起的，那么就需要清醒地读出数据背后的声音，不为次生问题所吓倒，不退回起点寻求安全的保护，冷静地等待和观察数据中问题的变化和解决过程——这需要相当的判断力和定力，更需要智慧。

如果学校正准备进入或正在这个阶段中，那么，由于这样做一切是为了师生，诊断数据整体上会清晰地呈现学校生态改变的足迹，会确切地告知我们每一步变革所带来的变化和效益，为每个下一步提供切实的参考和依据。

（四）多用诊断、慎用评价，自我改进是根本动力

我们早在探讨什么样的学校或者学校发展到什么阶段适合开展诊断的时候，就已经探讨过一般性的学校内部评价和全面诊断的区别与联系。而行文至此，当我们已经明了了诊断的内涵与性质以及如何有效实施后，为何会再次在诊断结果的解读与使用中再次提到二者的关系呢？

这是因为，实践经验很肯定地告诉我们：当学校经历过了两轮以上完整的诊断流程的循环重复，已经具备了从诊断数据中明确"走到哪里"、清晰"走得怎么样"的能力后，在确立"下一步如何走"时，一定会更加由衷地明白，诊断作为学校发展的助力和手段，作为学校人的自觉行为和习惯，对于学校的可持续发展弥足珍贵。这时候的学校，一定会更加珍惜诊断带来的学校教育生态变化，也会更加有意识地保护和积极建设学校的诊断文化。

这个时候的学校管理者和教职工们，一定知道也愿意在学校的日常过程中，多用诊断，慎用评价。只有诊断给每个人带来反思自我的意识和习惯，尤其是从服务对象的角度反思工作效率、提升服务效益的能力，才能从根本上激发和形成每个人以及学校各组织自我改进的根本动力。

　　诊断拒绝标签、诊断清晰记录变化、诊断过程常态发生、诊断者和被诊断者的链性互动可切换、诊断结果不直接用于高利害等一系列秉性和特征，使它脱离了传统评价板起面孔、硬邦邦冷冰冰"管"人的不可亲性，让评估本该发挥的引领、引导过程自然发生——从他评到自诊的转变，使得学校里的改变从管理者的意志转换到每个人自己的愿望和意识里，学校组织将焕发与以往截然不同的生命力。

　　所以，所有意识到诊断会对学校组织文化催生拔节的学校，会格外用心保护诊断的真实性、客观性，会更加认真、主动地完成学校诊断的每一个流程。通过科学流程的夯实，实现诊断与学校日常工作的日渐融合，逐步做到诊断结果的使用真正落实到学校的具体工作中，让诊断成为学校管理与发展的日常策略和手段，消于无形却又处处可见。

　　意识到这一点的学校，在确立"下一步如何走"时，会自然而然地从每个行动者的角度出发，设计并提供给他们下一步所需要的资源、工具和平台，明确服务者的角色定位，为其自我改进和发展始终不离不弃；还会细心地洞见每个行动者下一步可能遇到的困难、问题和疑惑，尽管不会也不能去替他解决，但是，当他犹疑甚至退却时，应该从哪些角度、运用什么方法进行鼓励和帮助，也是设计"下一步如何走"时需要事先运筹帷幄的。

　　从这个角度上来说，当面对诊断提供的学校真实、全面的信息后，管理者可以更加有效地促使学校更多从不同利益相关者的视角，思考下一步学校发展中每个人应该也能发挥的作用，而不再是自己冲锋陷阵、单打独斗，更不会表现出看不到他人作用的个人英雄主义。

　　这也是为什么我们会说，最优秀的学校管理者，他们的所有管理经验会凝聚成一句话：成就他人。

（五）独行速、众行远，行进在变革队伍中

　　其实，上一段的文字内容已经自然包含了本段的主要内容，因为，当管理者意识到学校发展的动力蕴藏在学校每个人自我改进的动力中时，就会理解学校的变革其实不是依靠管理者自身或管理者团队就能实现的，而是需要管理者去推动学校教职工的进步能力。注意，是推动，而不是带动。

现实中常有学校管理者表达这样的困惑：我(们)做了大量工作，也讲了很多，但教师们能力有限，他们做不到我(们)所期望的。

其实这也是人际沟通和交往中"冰山效应"带来的常见的负面影响。

而当学校诊断渗透到了学校工作的各部门、各组织中后，这样的沟通沟壑会慢慢变小。学校诊断从服务对象处对服务提供者进行诊断并不断提供效益结果的鲜明逻辑和特点，会不断培养组织中的人从对方的角度看待、理解工作的出发点和工作的实际效果，从而真正理解并融会贯通"我要他明白"不等于"他明白"的道理，也会慢慢提高"如何让他明白"的能力。

自我变化和改进的动力只有内生才可持续，才是根本性的进步动力；同样地，行进中的学校变革一定是所有有内生改进力的个体以集体方式推动的，不可能通过一个人或一小群人的极力带动甚至是拉动真正实现——纤夫拉动的船舶一定是行进中遇到阻力或动力消失的停泊船，甚至是被涡流逼迫的倒行船，而前进的船舶一定是马达动力十足的自行船。

所以，在筹划学校下一步如何走时，智慧的学校管理者一定会避免自身成为拉船的纤夫，他会想尽办法让自身融入马达动力中，一起加大力量推动船舶乘风破浪。

这一节里，我们用了不少的篇幅来讨论学校的重要发展策略与途径的问题。这些看似与诊断无关，也不是诊断本身应涵盖的，但我们还是在这里非常诚恳地拿出来与读者分享。一则因为这正是多年与学校以诊促改同行路上学习和观察的收获，二则因为它们多半也是我们作为促进者朋友会给学校发展提建议的侧重点和主要层面。当然，它们也确实是大部分学校，尤其是想从传统优质向全面卓越迈进的学校在下一步发展中很可能运用到的有效策略和手段。

这里的根本原因，也是本书反复提及并始终未变的一点：学校诊断的目标和学校发展的愿景始终是一致的——与时俱进，将学校建设为学生快乐成长、有效学习，教师幸福工作的地方。在一路同行的过程中，学校诊断所能锻造的智慧和共识，也恰恰是学校发展中的必由途径和沿途的美丽风景。

本章的末尾，我们还是愿意以一所项目学校自身对诊断的感悟来结束，帮助读者从前行者的实际感悟中体味诊断的真实力量。

诊断是一种别开生面的教育

朱江

北京市第三十五中学进入诊断大家庭大概是在 2016 年 12 月。学校每次诊断的过程，也正是我们慢慢努力和进步的过程。

2015 年 3 月学校迁入新校舍，正式启动"五制"改革，全面实行选课走班。那时我们并不清楚走班会给学校带来什么，也不知道这条路走得对不对，走到了什么阶段。所以当时校长决定将诊断引入学校，以此来倾听学生的声音，让诊断为学校的发展保驾护航。从这些年的诊断数据来看，我们的改革成效是显著的。

改革当然不是一帆风顺的，过程中会遇到很多问题，需要我们不断地进行分析、思考和调整。诊断恰恰在这方面给我们提供了非常好的数据支持。

1. 分析和挖掘诊断数据——探寻问题症结

我们可以通过诊断数据，分析和挖掘学校面临的困难和问题，找到问题的核心。

举个例子，高中三个年级，大家觉得哪个年级的诊断结果会是最好的？根据经验，应该是高三。那其次呢，高一还是高二？

三十五中的实际情况是高三的诊断得分高于学校整体平均分，高二与均分持平，而高一却低于平均分。这跟我们的预期是不相符的，从以往的结果看都是高一会好于高二。所以当我们看到高一的诊断结果时，心中画了一个大大的问号。

在分析高一常规学科教育教学数据时，我们发现诊断中相对较低的得分都集中在了 B 层的生物等学科上。B 层是学考班，经历了中考的选考，这些孩子在这些学科上的基础相对薄弱，加上今后也不会参加相应的等级考，所以对这些学科的学习需求和动力也会相对较弱。所以这个数据，我们觉得还是比较合理的。

但是，看似合理的事是不是就没有问题了？我们反观 B 层的物理和化学，得分明显高很多。通过数据结合实际情况，我们发现这些教学班都是备课组长挂帅，组长带着教师们一起攻坚。这些教师对 B 层的教学非常用心，他们会针对 B 层孩子的特点设计相应的课程内容，选择合适的教学方式，甚至到期中考试的时候，会主动申请为这些孩子进行分层命题和考试。由此可以看出，问题的关键在于是否因材施教，选择合适的教学方法更容易得到学生的认可。

由此，我们专门安排了这些备课组长给全体教师分享他们是如何设计和实施 B

层的课程和教学的。学校还要从课程和制度的层面进行进一步的反思和梳理。

分层教学的实质不是简单地把学生分开，而是要为每个学生创造一个适合他的学习环境。我们的每一门课程都是有分层课程方案的，但是这个方案是不是真正落地了？是不是每位教师都能够按照方案针对自己教学班的情况落实分层要求，讲授分层内容，进行分层评价？还是说虽然我们把学生分了层，但教师们仍然按照同样的内容和标准来进行教学？所以，进一步细化课程标准，修订分层细则，形成分层教材，是我们课程中心下一步要继续跟进的事情。

面对诊断数据，我们应从数据的差异和变化中看到问题，并找出问题真正的根源。有些东西很表面，有些东西需要我们深挖，每个问题背后都还有很大的提升空间。

2. 诊断数据引发反思——重新出发的动力

都说诊断就像体检，但是体检后发现问题我们还要到医院进行治疗，在治疗的过程中还要不断监测身体的关键指标。所以诊断也不只是体检，除了前测，诊断还可以起到过程中指标监测的作用。

2017年，课程中心在学校基础诊断中的结果不是很好，我们十分郁闷，也十分不解。自2015年选课走班以来，课程中心做了很多事情，比如全部考试科目都可以选类、选层、选老师，艺术、技术、体育等学科都开设了专项课程供学生选择。我们给了学生这么多选择权，为什么学生在课程诊断上还会给我们打低分？这促使我们认真地去反思和分析。

我们在课程方面确实做到了开设课程的数量多，但却忽略了这些课程是不是真正能够满足学生的学习需求，是不是能够起到支撑学生未来发展的作用。因此，我们对不同的课程重新进行了定位。

以校本课程为例，校本课程就是要为学生的专业发展提供支撑。它要为学生今后高考的选科选考或是专业领域发展提供学习的延伸，所以我们提出校本课程要更多考虑学科和专业的发展性和实用性。每个中心和教研组都要系统设计本专业的校本课程。学校为校本课程的申报制定了一套非常严谨的流程：申报校本课程的教师在每学期的期末要面对教学督导组进行课程宣讲和答辩，要讲清楚为什么要开这门课，讲哪些内容，以什么方式进行教学等。凡是通过评审的教师，还要到年级大会上给全体学生宣讲所要开设的课程。有学生选课，才能开；没有学生选课，就开不了。

今年我们跟诊断团队一起开发了校本课程的专项诊断工具。我们就想看一看：通过这样一系列的改变，学生在校本课程上收获如何？是不是支撑了他们未来的学习和发展？事实证明，孩子们收获满满。"激发了我继续探索和思考这门学科"这道题的得分也非常高。我们认为校本课程改革的预期目标已初步达成。

诊断是我们工作最开始的前测，我们发现了问题，通过一系列的动作和改变，又借助诊断来检测我们工作的效果，这样就形成一个小的管理闭环。

3. 发挥诊断的导向性作用——定制化诊断

2017 年北京开始实施新高考政策，学生选科、生涯规划以及课程方案的制订等，很多事情我们都是第一次尝试。有时我们也不知道做得怎么样，是不是学生所需要的。所以我们就要借助诊断帮助我们作出判断，为下一步工作指明方向。

去年开始，在高一、高二，我们重点针对学生选科决策进行了一系列的定制诊断。在收集高二学生经验的同时，了解高一学生的想法和需求，再通过对比分析确定下一步工作的重点。（图 6-11）

困扰学生选科决策的因素（高一）

● 不清楚学科未来学习难度，所选科目未来是否能学好、适合自己。
今后的学习能否激发自己的兴趣。
不知道高二的学习中这门科目的难度，不清楚自己可不可以学好它。
不太清楚以后这门科目的难度。
未来题目的难度。

● 目前成绩与兴趣和未来发展所需科目之间存在矛盾，喜欢但成绩不好。
化学成绩不如政治成绩理想，但是想报考的大学要求物理和化学必选其一。
喜欢但成绩不突出。
很想选的科目目前成绩不太理想，不知道应该为了兴趣选科还是为了分数选科。
成绩、兴趣、专业方向的冲突。

● 不清楚大学专业所需要的学科是否符合未来发展的需求。
不知道符不符合以后发展所需。
不确定大学专业需要的学科。
不同大学对我的目标专业的选科要求不同。

● 不知道如何选择、确定科目。
选择的首要前提是什么？我应该尽快确定自己的科目吗？
不知道生物和化学该选哪个。
需要比较出哪科是想选的科目。
政治、生物、化学三选二很犹豫。
是否留下一门文科目。
想学天文要考地理，生物化学已经必选，地理简单，在地理和物理之间摇摆不定。

想对学弟学妹们说的话（高二）

● 高一每一科都要好好学，打好基础。
高中的第一年千万不要懈怠。高二选完科才发现自己高一课上不算认真的听课状态导致自己错过了很多细碎的知识点，这个漏洞将会耗费很多精力与时间才能被一一填补。
不要给未来的自己带去那么大压力。
新高一的学弟学妹们一定要提早作出选择和判断，但一定不要过早地放弃某一学科。语文、数学、英语三科要紧抓。
一定要提早了解与高考升学有关的消息和信息。一定要对自己的未来有目标、有方向，这样才能坚定不移地走下去。

● 综合考虑未来发展、自身成绩和兴趣，审慎选择适合自己的学科。
选科时请务必权衡。是选自己擅长的，还是根据自己未来的职业规划选择科目？大部分情况二者不可得兼，需要有取舍。
目前成绩和兴趣以及将要学习的内容都要考虑。

● 选择自己喜欢、有兴趣的，自己的人生自己选择。
个人兴趣十分重要，只有拥有了兴趣，才会在未来两年看似枯燥的学习中找到属于自己的乐趣，才有学下去的动力。
首先要按照自己对于未来的目标、兴趣选择，因为你不喜欢这门科目，你就无法学好。选择了就不要后悔。

图 6-11　了解高一学生的需求，收集高二学生的经验

我们非常重视诊断对教师、学生以及学校工作发挥的导向和引领作用。2020年是北京的新高考元年，高三的孩子面对新高考都应该做好哪些准备？我们想通过诊断给孩子们一些温馨提示，所以我们又设计了高三学生适应性诊断。

新高考要考立德树人，考学科素养，考试的理念发生了根本性的变化。我们在诊断中设计了关键素养的达成情况，让孩子们自测。通过诊断让孩子们意识到在高三复习的过程中还要关注自身人文情怀、科学精神、自主探究和问题解决等方面的提升，用诊断来引领高三复习。

同时高三的孩子经历了三十五中所有的课程模式，我们特别想听听孩子们对课程的建议。哪种课程模式他们受益最多？在接下来的高三生活中，他们最大的困难都有哪些？我们可以帮他们解决什么？

诊断绝不仅仅只停留在帮助我们了解一些情况、一些需求的层面上，它真正带动着学校不断地进行制度变革，包括我们的教师和孩子们，也在一起向着更好的方向发展和进步。

4. 改变同样发生在我身上

我是进入课程中心后才开始真正接触诊断的。参与诊断确实对我自己的影响很大，所以我觉得自己的成长跟诊断也是分不开的。（图6-12）

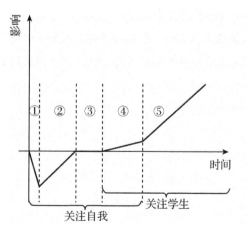

①不接受"差评"

②③自我修复，忽视"差评"

④反思"差评"，作出改变

⑤认识提升，作出改变，
　期待效果，了解需求；
发挥评价的导向性作用；
产生学习的需求。

图6-12　接触诊断后我的改变

进入课程中心之前，我在看自己的诊断结果时总是很不理解，甚至完全不能接受"差评"。记得在第一次诊断组会上，项目学部主任提到学部的孩子少，一个低分就会造成教师的诊断结果低的问题。当时我立刻就提出了要用去掉一个最高分、一个最低分的方式来处理。但是这个说法遭到了诊断组内所有语文教师的反对，她们永远都带着人文关怀看问题，这件事对我触动非常大。作为教师，我因为有给自己打一星的学生，感受非常不好。但是反过来想，这样的孩子每天坐在你的教室里，面对一个自己不喜欢但又不能避开的教师，他的心情会好吗？说到底，我们做的所有工作不都是为了学生吗？每一个学生都同样重要，因此我下定决心要有所改变。我找合适的时机静下心主动去和学生们进行沟通，从我的角度谈我对他们的看法，希望他们成为什么样的学生；同样，他们也可以把对我的期望说出来。我们共同改善师生之间的关系。

在深入接触诊断的过程中，我个人也对诊断产生了强烈的学习需求。因为当我真正去设计定制化诊断的时候，我发现同事们会查阅大量相关文献，还要对问卷初稿进行一系列信效度检验，甚至要借助软件从问题中提炼诊断因子。跟他们比起来，我觉得自己就是一个诊断新手。所以我希望李教授带领的第三方专业评估团队可以给我们增加一些专业的培训，使我们在设计定制诊断工具初期和分析数据的时候能够做得更好，做得更专业。也希望诊断大家庭的每一所学校能相互间提供更多的诊断视角，能学习到来自各学校更多的优秀经验。

北京市第三十五中学坚持认为学校里所有的工作和活动都是教育。诊断在学校也是教育，不仅是对学生的教育，也是对每个教师的教育，更是对我们教师自身成长的一种鼓励和激励！

第七章　诊断愿景

当我们最终理解了学校诊断其实可以是有效管理者的一种良好习惯时，就能够明白，诊断其实没有"结束"。从其发展历程而言，学校诊断的目标愿景将与学校发展的目标愿景高度一致。

简单而言，要什么，就诊什么；诊什么，就会有什么。诊断与学校发展，一路同行。

【学校诊断的理想目标是什么】
学校诊断的持续性、周期性和常态性
基于学生发展的反思让我们不断想起要去往哪里

学校诊断是有效管理者的一种良好习惯，是科学管理的一种有效策略和手段，或者说，是学校治理的工具之一，它本身是为学校发展服务的。因此，它的理想目标就是学校发展的愿景，二者的高度统一，恰恰体现着它作为习惯、策略、手段和工具服务于学校发展本体的价值和意义。

一、学校诊断的持续性、周期性和常态性

应该说，学校诊断在世界范围内的基础教育界，都还是一个比较前沿、新鲜的概念。虽然在过去的二三十年里，随着世界范围内社会各界对高质量教育的迫切需求，学校自身在教育效益提升中的主体地位得到越来越多的尊重和认识，这也促使学校在完成教育使命的过程中不断提高自身的实践力和创新力，于是，学校诊断和反思能力作为创新能够发生的基础，开始得到前所未有的重视和实践探索；但是在我国，真正由一线学校实际参与并主动实施的诊断，不过十年的历史。

基于上述背景，这几年中，我常会遇到新接触或新尝试学校诊断的学校管理者问我这样一个问题：这个（项目）的周期是几年？

从这个问题中可以窥见，除了日常必须年年、月月、天天进行的教育教学，在一般学校管理者眼中，其他外来的力量都是可以"项目制"的。所谓项目制，就是有明确的起止日期、行为目标和考评指标，由一帮人组织起来集中进行一段时间后即告结束，可以散去的形式。

然而实际上，就像教育教学中一定要伴随教师的研究和反思一样，天天在发生的学校管理与发展更需要研究与反思。学校诊断就是最好的学校自我反思力的体现。所以，我们说，诊断之于学校，就像反思之于个体一样，会预示并决定着学校的最终发展水平和高度。一所具有自我诊断力的学校，其学校组织文化会具有很强的诊断文化特质，就像一个具有很强自我反思力的个体一样，最终不仅走得快，而且走得远。

因此，真正有效的学校诊断，首先应该是持续进行的。只不过，随着学校诊断能力的提高、诊断文化的日臻成熟，诊断在学校的形态可能会发生变化：由最初的有组织、有设计的学校行为，也许会慢慢渐变成学校的一种管理习惯和领导特色。

而随着技术手段的日新月异，也许，未来的学校诊断就像天天自然发生的教育教学行为一样，会成为学校组织和个体的一种自觉甚至下意识的行为，基于行为的大数据采集和分析技术的突破，会让学校诊断真正销声匿迹，却又真切地行走于学校管理运行、教育教学的各个环节中。

其次，真正可持续的学校诊断不应该是随意地经常进行的，它的首要技术特征原本就是基于证据、数据和信息的，因此，它应该和学校教育教学行为的"生物钟"保持一致，应该是周期性进行的。

学校诊断之所以要周期性进行，首要原因是它关注过程性结果的描述，而不着重终结性结果的判定。正因如此，每一次的诊断结果都只是发展变化的数据链上的一个点。从其本质上看，诊断关注现象或问题的过去、现在和未来。只有周期性进行的诊断，才能准确把握数据在相同时间节点上的变化和发展情况，完整呈现轨迹和过程。可以说，周期性实施正是由诊断的本质特性所决定的。

所以，在我们的项目学校里，相同的诊断内容或项目，我们都建议应为其寻找与教育教学时间安排最为吻合的时间点，周期性进行。比如，教育教学诊断、班主任或导师诊断一般都在每个学期的期中进行，为教师们在一个教学周期内及时调整自己的行为和策略留出时间；再如，学校处室或学科诊断一般建议在每学年的第二学期进行，为下一周期的组织行为调整提供时段较为完整的信息参考；等等。

学校诊断周期性实施的另一个重要原因是，每个周期内的学校诊断都要完成诊断内容与工具确定、实施准备与组织动员、结果解读与反馈、结果使用与改进参考四个完整流程，这是一个不断循环往复、螺旋上升的周期性过程。只有每个周期内的流程都切实完成了，诊断才真正实现了为行为调整和策略改进提供切实参考的根本作用。否则，只诊不用或者只诊不改的学校，就像体检完了从来不看结果或者看了结果也不调整生命活动状况和行为习惯的个体一样，这样的体检对其毫无意义，这样的诊断对学校也是劳心费力、徒劳无益的。当然，只诊不改和诊后对问题进行充分分析且与有些伴生性问题和平共处，又是完全不同的性质了。

正因为学校诊断的持续性和周期性特征，科学的学校诊断一定是常态进行的，采集的数据和诊断的学校一定也是真正常态的。

对此，有的读者可能一直有一个疑问：某一个周期内某一次采集的常态诊断数据，也许正因为常态的不加干预，所以，恰恰可能会赶上学生或教师的非常态状况。例如，某一次考试后失利的学生可能会就他与教师的关系提交有失偏颇的诊断数据；某一次特殊事件发生后，受该事件的特别影响，教师和学生对学校的感受难以消除等。那么，这样的诊断数据是否会给以诊促改的策略制订带来误差呢？其实，当我们回到学校常态的现实中时，就很容易发现，其实这样的"非常态"恰恰每天都在学校里常态发生着——教育说到底，其实也就是人与人之间互动的过程。某个特定节点上的诊断数据固然有其特殊性，而回到整个教育教学过程中，也不过是千千万万个特殊瞬间组成的自然过程中的一个点而已，其特殊性的价值正是其采撷了真实教育过程的前因后果的体现。更何况，我们一直强调，诊断结果的分析和使用，一定是要回归到数据背后的真实情境中的，从来都不可从数据到数据。看不见数据背后真实的人和事，数据永远都是冷冰冰的数字而已。

我们相信，随着学校自主管理能力的提高，其自我发展与改进意识会不断觉醒，运用科学、有效的诊断手段和策略走上学校自主发展之路，将成为越来越多学校的选择。

二、基于学生发展的反思让我们不断想起要去往哪里

当我们已经明晰，学校诊断作为学校管理与发展的工具，要通过持续性、周期性和常态性地开展，与学校日常工作融合统一后，其实，也就应该更加明了：学校发展的方向，也就是诊断要去往的地方——将学校建设为学生快乐成长、有效学习，教师幸福工作的地方——只不过，这是一个与时俱进的过程，它既是我们的初心，也是我们一直、一直要去往的地方。

很多时候，教育人，尤其是一线的教师和校长，每天面临的教育情境真实到"琐碎凌乱了整体，繁杂荒芜了情怀"，加上不得不承认的是，当整个社会都处于快速变化甚至震荡中时，社会大环境对教育的心态并不平和，一些急功近利的想法和声音会对基础教育的一线人造成压力，甚至形成冲击，这种情况一旦久了，我们似乎会忘了从事教育事业时的初心。而有的时候，尤其当工作时间久了、经历多了，对一些曾经想"改革""变革"的事情也会变得麻木了，慢慢地，理想似乎也就

在这种持续很久的状态中走失了……

　　这个时候，往往外在的力量或激情的呐喊都难以再让教师们相信理想其实一直就在身边，更何况，谁都愿意固守自己已经熟悉和习惯了的、觉得安全的一切。

　　如果诊断通过不断地从服务对象处获得的信息以反观教育教学、管理工作的效果，为日常繁忙的教师和干部"量身定做"友好而清晰的反馈，让泛泛的反思有了切实的"脚手架"，那么，它将唤醒每个人内心深处对教育工作本身的动力，不断提醒每个人回归初心，回到理想所指的地方，走在实现理想的路上。

　　教育的过程归根结底其实是一个不断满足教育对象需求的过程，所以，我们理应不断回到教育对象的视角，倾听他们对教育过程的感受，从而调整自己的行为和策略，这便是基于学生发展的学校诊断的基本理论逻辑。

　　本书旗帜鲜明地提出基于学生发展的学校诊断，是因为从服务对象的角度不断获取服务者应该获得的信息是学校教育发展到一定阶段以后，应该运用和掌握的一个根本策略和方法。它能让我们的教育工作在看似望不到头的、一日日辛苦付出却看不清效果的较低层次跑蹴中提高效益，让我们在学生眼中、在教师眼中看到自己，找到幸福工作的秘密。

　　不过如此而已。

　　到这里，我们终于可以给全书的核心关键词——学校诊断——下一个我们自己的定义了：学校诊断，是基于学校自身发展需求，由学校利益相关者和专业促进者朋友共同、持续、周期性地对学校功能进行系统描述和判断，以推动自我反思，促进学校改进和决策的过程。

　　本书的所有内容已近尾声，让我们以北京十一学校田俊校长的两篇工作过程中的小结作为分享内容，从真实的实践者身上体会这些历程。以下是第一篇。

十一诊断这些年

田俊

1. 北京十一学校学校诊断走过的历程

　　2009 年，我在学校里刚开始负责人力资源，李希贵校长跟我提出要研究指向帮助个体和组织自我改进与完善的诊断，而当时学校内部可以称得上诊断的只有教育教学诊断。随后，我们成立了项目组，围绕当时的课程改革关键点的学科、学部各自必须发挥的作用，相继推出了学部/年级主任、学科主任工作诊断，修订了处室工作满意度测评。

2012年，我们更加意识到和看到诊断在组织和个人发展过程中的价值，也意识到诊断必须与评价区分开。李希贵校长直接在学校组织结构中增加了诊断中心这样一个组织，由一线教学和管理经验丰富的杜志华老师负责，以区别于人力资源的业绩评价，更深入广泛地开展学校诊断的研究与工作。诊断中心成立后，我们就开始思考，除了学部，除了课程，学校其他领域还有哪些核心的工作我们可以去诊断，可以去帮助个人或者部门自我完善？我们不断丰富着诊断的内容。

随着诊断内容日趋丰富，我们发现，诊断内容虽日益繁杂，但总感觉好像缺了点什么。缺什么呢？毕竟我们都是教师，都处在一线教学实践层面，诊断内容丰富后，体系化的需要势必出现，而我们缺乏更高位的视角和理论的引导。在诊断实施的过程当中，我们也对实施的工具、实施的办法、实施的流程有一点惴惴不安，于是我们就在想，能不能够找到专家以指导我们走得更加科学？于是我们就引进了第三方的技术平台以及外围专家组成员，正式由第三方给我们提供诊断服务。在外围专家的引领之下，在技术专家的协助之下，基于一定的理论架构，学校的诊断体系和诊断的IT技术平台得以完善。这项工作基本上到2015年初步完成。

诊断只是一种手段而已，更重要的是推动改进。从2015年开始，我们重点介入的是怎么去推动改进。

2. 北京十一学校学校诊断这几年的变化

从发展历程来看，我觉得我们学校的诊断这几年有几个明显的改变。

第一个改变，诊断的内容从零星逐渐走向系统化。诊断的内容虽还没完全构成系统，但已经走在了系统化的路上。我们的专家组成员李凌艳老师带着国家课题组提出"基于学生发展的学校诊断"模型。我们把基于学生发展的八个要素，融入学校实施的若干诊断项目当中。比如说，我们学校的诊断项目从外显的角度来看，有学校基础诊断，学部、学科、教研组、课程诊断，学部整体工作文化、氛围的诊断，对学部主任和学科主任工作的诊断，当然也有学部生态的诊断、各职能处室以及外聘公司的诊断，还有最普适也是我们一线教师最关注的教育教学诊断以及职员诊断。这些诊断的具体工具全部源自基于学生发展的八个要素。

第二个改变，诊断的工具逐渐系统和完善。我们毕竟是一线教师，非专业人员去做专业诊断的事，工具是不是足够简洁、设置的若干问题是不是具有单一指向性等工具的科学性问题令我们困惑，尽管我们自己在学习，但是仍然缺乏底气和信心。第三方进来之后，帮助我们完善了诊断工具，使我们的诊断工具由偏经验式走向了科学。比如说，原来我们的教育教学诊断有17道题目，在和专家组协商后，我们把它归拢到了如下几个要素：①个别化教育。在北京十一学校，我们面向个体的教育当然是非常强调个别化的。②全人教育。对于教师而言，不仅仅要关注到学科教学，更重要的应该关注到育人。③学科素养。作为教师，学科素养是非常重要的，使用怎样的工具能更简洁、更好地体现学科素养？④学科教室。让我们的资源离学生最近，让我们的教与学更加符合学科规律，因此学科教室的受欢迎程度也是我们看重的。此外，还有一个综合性的"最喜爱的教师"题目以及一个主观题目，这个主观题目直接给发现不同教师的不同个性特点提供了机会，也推动了教师的个性化发展。在这个诊断工具里面，我们基于一定的理论架构进行了重构和优化。教育教学诊断如此，其他各方面的诊断也是如此。

第三个改变，诊断的实施方式从人工、烦琐逐渐走向自动、便利。2009年的时候，我们采用的是纸质的问卷，人工统计相关数据；接下来的几年弄了一个简单的程序，将调查问卷放进去，大家可以电脑上作答，但是背后数据还得依靠人工统计，应该说是比较烦琐的。

但是自从2015年合作方给我们搭建起这个平台之后，诊断实施由以前的偏人工组织的集中实施走向了规定时间内的随时随地实施。以2015年第一学期的诊断为例，因为每个学生、每个教师都有自己的时间安排，我们不想打乱，所以我们通常会给一周的时间，让大家登录一个网址去做诊断，当然分散诊断也需要一些机制来推动他们提高诊断的完成率。最后显示的结果是什么呢？这里也有一个有趣的现象，去年诊断的数据不包括国际部的数据，总学生数就3700人左右，完成诊断的达到了3400人，比之前没有系统平台时任意一次诊断的完成率都高。学生中使用移动端的人数几乎占了一半，也就是用平板电脑和手机的人数几乎占了一半；教师相对传统，用电脑的人数偏多，因为他们普遍有办公用的固定电脑。这种诊断实施方式，给我们的师生提供了非常大的便利。

诊断反馈从最开始的人工反馈，到现在自动生成分析报告，然后人工进行辅助修复和审核。审核主要是针对之前没有考虑到的一些前置的因素以及前置的变量没有放进去的情况进行审核，其他的基本上一次性生成。就拿期末完成的诊断而言，学校的基础诊断反馈给我们的是四个文件夹和一个总的报告。四个文件夹里面有多少个文件呢？42个文件。拿一个文件举例来说明它是怎样分析的。这是基础诊断里关于学校领导力的分析报告，自动生成，当然必须前置内隐若干算法和逻辑。在这个报告里面，首先是整体的情况、学校领导力的主要结果，然后是从教师、职员、管理者三个角度，分别看三个群体对学校领导力的认识。教师群体里还区分了不同群体。比如，不同年级、不同学科、不同年龄段教师对学校领导力的不同认识，包括对学校文化的不同认识。不同年级的数据也是可以看出不同年级负责人的管理模式的，还有不同年级间的工作文化与十一整体文化的融合等。又如，从教龄、性别、在本校的工作时间等方面的分类分析数据。一个报告如此，42个报告基本都如此。而这些报告能够在诊断完成之后一周左右的时间里全部出来，这点在最开始的时候我们是无法想象的。

以前我们会组织一个项目组人工写报告，写的质量还很依赖于个人的专业素养，报告的水准也各有差异。报告生成之后的反馈工作也非常烦琐，需要逐个进行整理和分发。现在是什么情况呢？我们每个教师都有自己的工作邮箱，诊断一完成，数据后台处理一完成，马上自动发送到对应教师的工作邮箱。比如说教育教学诊断，一旦我们在诊断前梳理清楚不同的隶属关系、逻辑关系，生成的若干份报告就可以自动发送到对应的学部主任、学科主任、处室负责人的邮箱。因此在诊断的反馈上，我们也由基本的人工到自动生成，由部门的分发到定点的自动发送，而且可以实现更大范围横向和纵向的数据对比。

诊断后的工作，是我们非常看重的一点。之前，我们可能主要集中在烦琐的反馈结果的分发工作上，但是从2015年开始，有了平台的支持以后，我们可以有精力把更多的目光投向反馈后的跟进研究，发现哪些地方做得比较好，提炼经验以及推动改进。比如，我们在2015年诊断的时候发现，小语种的课程组虽然在2014年的时候，整体的诊断情况还是不太好的，但是在2015年有了一个明显的提升，于是我们找到教研组的负责人——一个很年轻的硕士刘捷，请她谈一谈小语种课程教育教学诊断的反思，于是我们就知道了在进步的背后她和她们组的教师们是怎么做的。

再比如，我们有个很年轻的刚刚北京大学毕业的政治教师正处于工作的第一年，应该说他专业功底非常好，也非常有活力，学生很喜欢。他任教的班级里面各类班型也都有。在他的教育教学诊断结果中，有一项在其中一个班级里面得分偏低，哪一项呢？就是"我在老师心目中的地位"。他很在意这个，明明已经很尽心，为什么这个班的结果不尽如人意？于是一二三四分析下来，他马上就知道了该怎么去调整。

我们在进行学校基础诊断和处室诊断之后通常也会这么做。从 2015 年开始，我们会在学校层面校务委员会上听取诊断反馈后，现场就确定下一阶段我们要把哪些风险确定为重要改进的领域。会后我们也会跟各个部门沟通，哪些点要改进，哪些点可以作为该部门下一步改进的重点，我们可以一起来研究。学校整体以及各个部门，实际上都要确定研究和改进的重点，并且通过一些必需的专项诊断来跟进改进效果。比如说，关于资源的专项诊断，我们前几年一直发现学生对便利店的物价、售卖机的补货等若干方面存在着不满意，但是他们的反映并没有得到及时的回应，于是把这个问题确定为一个重点问题，进行重点改进，今年取得了非常好的结果。再比如说，在 2015 年的时候我们发现职员对学校的感知明显低于教师，于是也在职员这个方面做了大量的工作，结果发现做不做工作是不一样的，2016 年的诊断结果显示教师和职员对学校的感知基本趋同。

第四个改变，教职工对诊断的态度从紧张逐渐走向期待。最开始，一线教职工对诊断有些许紧张，那时教职工担心是不是要评判自己，这几年下来，发现原来诊断真的是帮助、促进大家改进的，于是就转变为略有期待。对待数据反馈也日趋合理。从以前一拿到这份数据，教职工会特别紧张，甚至不自觉地找一些外因，到现在转变为寻找数据背后隐藏的问题是什么，了解了哪些数据是告诉自己要改进的，哪些数据则无须那么纠结。还有，教职工从以前将诊断当作任务去完成，到现在转变为将它变成十一学校一个常态性的工作去做。第一个学期期中做什么诊断、期末做什么诊断，第二个学期期中做什么诊断、期末做什么诊断，已经是一个常态性的工作。

有了第三方的加入，诊断中心关注的重点也发生了改变，更好地实现了诊断的价值。诊断中心以前对诊断的全过程泛泛关注，而且是非专业的泛泛关注。但是现在在专家的引领之下，诊断中心结合学校的实际规划诊断工作，完善诊断工具，而且更加关注诊断分析，关注如何促进发现和改进。

以上是这几年来北京十一学校在学校诊断上走过的历程和我们的一些改变。讲了这些改变之后，我还想谈几点对学校诊断的感悟。

3. 对学校诊断的认识和感悟

现在我们已经比较深刻地认识到了诊断是什么。它其实就是对个人和组织工作上的一次体检，而这个体检不仅仅是为了发现问题，它也能够帮助我们寻找优势。我们用高频词汇来整理学生和教师给学科主任的留言，整理学生给学校的若干留言，就会发现很多有意思的问题。我们能够寻找我们的优势，也能够发现风险，防患于未然。

我就拿我自己举例吧。就我而言，我工作了十几年，至少在近十年我对我的教学是极其自信的，甚至有点到了盲目的地步。直到2014年的时候，我遭遇了一次打击：以前我从来不用紧张这些事，但是那次拿到教育教学诊断结果后我发现，在最综合的"我最喜欢的老师"那一项，我居然只得了一个"良"！这一下给了我一个当头棒喝——学生不会管你是不是副校长，不会管你在学校里面是否还有什么其他的事，学生是非常真实的，在他的眼里你是他的物理老师，他需要的是老师日常的关心，老师在他身上精力的投入，他需要的是你对他的关注。我一查我的相关数据，学生并没有感受到他在我心目中的地位有多高，于是我当然就不是学生最喜欢的教师之一了。当然我不会允许这个情况再次发生，我会针对性地进行调整。后来，这一项暂时就没有风险了。

诊断也给我其他的工作提了不少醒。这几年来我负责人力资源，人力资源部各项指标在处室诊断里面都处于前列，但是在2015年的时候出了问题，什么问题呢？部门负责人对人力资源部同事的专业成长支持偏少！我以前从来没有意识到这一点。我带着他们，有些工作做得风风火火，自认为还不错，但是这样的数据却出现了，什么原因呢？我后来反思，人力资源部可能和其他的部门不一样，我们部门几个人学历起点全部是专业的硕士，他们一两年做那些事情没有问题，但是只让他们停留在做事上，而没有关注到怎样帮助他们从这件事情里面获得成就感，没有关注到他们下个阶段的发展方向是什么，给他们提供成长的平台，他们当然就会表现出不满意和消沉。我在这点上疏忽了，他们的需求与一般职员是不一样的，这又给我提了一个醒。

还有，刚才也提到了，2015 年职员对学校的感知明显低于教师。尽管位于一线的是教师，但是职员队伍也是学校不可或缺的一部分，而且是良性运转不可或缺的一部分。这会是什么原因呢？校长责成我还有我们的工会主席去研究，于是我们就开始找部门负责人去了解，发现职员们的融入感的确在下降。我们开始组织若干个活动介绍学校各方面最新的进展，介绍一线以及我们职员队伍里面的典型，给职员们搭建平台，让他们感觉到原来学校的进步也有他们的功劳，让他们发自内心地以学校的进步为荣。除此以外，我们还从待遇等各个角度想办法，提升职员队伍的归属感、荣誉感等。2016 年的数据有了明显的提升。如果没有 2015 年诊断的发现，那么我们很有可能潜意识里继续按照老路往前跑，仍然很有可能不自觉地把这支队伍忽视了，忽视的结果肯定会让职员工作水准出现下滑，实质上最终会影响对学校业务工作的支撑和服务效益。

2016 年又出事了，出事的还是我们，事情还是跟我有关的事，因为我负责人力资源。我非常清楚学校近几年新引进的教师到底处于什么水准，我也非常自信，因为我们选拔教师的时候，除了专业素养、教学潜力之外，还注重挑选比较有激情、亲和力比较好的教师。但是我们发现，2016 年，在做教育教学诊断的群体分析的时候，新引进教师的整体诊断结果低于学校平均值，这个事是我们所紧张的。为什么？要引进教师的话，引进的新人的水准应该是高于平均值的，只有高于平均值，才能确保整个教学队伍水准在不断提升。往年新教师的表现通常不弱，有时甚至更受学生喜欢，但是今年却不是，问题出在哪里？这也是这一段时间我跟教育家书院的赵继红老师在研究的问题，我们若干的活动以及若干的对他们的帮助措施是真的有效，还是只"浮在了水面上"？

诊断实际上是体检，要让我们防患于未然。这是我的第一点感悟。

第二点感悟，诊断绝对不是评价。这里我列出了自己对诊断和评价区别的理解，这是我个人经验式的感悟。诊断是指向改进的，它是过程性的，诊断实际上是基于自我需要自发主动的；而评价通常是外部给予的，直接与绩效以及一些高利害的结果，比如职称评定、工资等挂钩，评价是被动的。尽管有的时候我们谈发展性评价，但是发展性评价也是评价。所以从这个角度，诊断和评价完全是两码事，绝对不能等同，而且诊断的结果一定不能用于高利害。

几年前我们对于职员的评价都是由诊断中心来实施的，后来发现这样不行，要马上剥离。我们基于岗位梳理出来职员的工作职责，梳理出所需要的岗位能力等。职员工作诊断是在第一个学期末进行的，相当于学年中间基于他的工作进行的诊断。诊断非常细致，面向他的服务对象。将诊断结果反馈给职员，他就有时间去调整了。而评价在什么时候进行？评价是在学年末进行的，服务对象对职员工作的满意度进行打分，1 到 10 分，这是评价，是终结性的。如果在前面诊断的时候发现了一些问题并且调整了，那么评价也就变好了，但是评价最后是与绩效相关联的。这就是区分诊断和评价的方法。

诊断结果不能用于高利害，我们在这点上纠结过很多次，因为诊断数据是现成的，非常不自觉地就会用于高利害。对于诊断而言，结果一旦用于高利害，就会导致师生心态上的一些变化，就会导致有的时候不一定能够得到真实的数据，就会有若干后续的问题，于是整个诊断文化就会被破坏掉了，所以诊断不是评价，不能用于高利害是一个关键。

第三点感悟，第三方专业评估团队在学校诊断中发挥了巨大作用。这是最近一两年我的一些收获。专业的第三方能够帮助我们站在理论的高度进行系统的梳理，能够确保诊断工具的科学高效，并带来实施的规范和便捷。同时，诊断组跟学生，尤其跟组织部门和教师沟通诊断工具的时候，由于有第三方的专业支持，有第三方数据的统计与分析的专业高效，更容易得到学生和教师的认同。第三方更加容易让师生说真话。以前我们也在线上做了一些诊断，但是教师还是在嘀咕学校到底看不看得见；现在原始数据不在我们这儿了，放在了第三方，诊断中心也从来不试图要背后的原始数据，学校的其他部门试图要过原始数据，都没有要出来。因此专业的第三方，能够采集到更多真实的信息，而他们在没有先验主观印象的时候，在分析的过程中，更能够规避主观的前概念，客观地分析数据和指出问题出在哪儿。此外，当更多学校建立了不同发展阶段的学校模型后，这些学校的数据积累起来就能建立一些常模。我曾问过李老师，有些数据出现了下滑，在这方面我们到底做得怎么样？李老师告诉我们，他们在其他学校也做过诊断，目前北京十一学校的数据还是属于比较好的，这让我略感欣慰。所以更大范围尤其是同类学校都参与诊断的话，就能从大数据的角度给我们提供更客观的审视。还有基于诊断发现的一些问题，很多问题是不同学校的共性问题，这些问题的改进如果学校之间相互借鉴的话，那么效果将会更好。

诊断只是第一步，我们仍需要关注的是经验的梳理和改进的推动。2015年的时候，我们发现一个语文教研组的数据有了明显的提升，于是请他们作了分析，他们是怎么做的呢？教研组长拿到了数据后，分析了数据，对于数值的下降，找了一些共性的问题，也找了一些个性的问题。共性的问题：语文课的课堂效率问题到底出在哪里？共性的问题也就是整体分数偏低的问题，教师需要给予学生针对性的帮助。还有，分数低的通常是一两个教师，教研组长就马上研究这一两个教师个性的问题：教学过程的实质是什么？师生关系升温的关键期是什么时候？教师个人魅力来源于什么？严肃可以改变吗？教研组会带领着教师们一起去研究，而且想各种办法去改进。

有一位资深的教师非常优秀，但是也和我一样遭遇了一次滑铁卢。在他完成对诊断数据的分析以后，他非常自责地跟我们聊，聊的时候他提到了几个观点，我们一听这几个观点就知道在最近一年的教学里，他可能碰到了什么样的问题。这是这位资深教师在诊断之后的反思："作为一位资深的教师，我对学生真正做到公平了吗？家庭教育的偏差不应该成为孩子负担的罪责，我们有没有因为家庭教育的缺失给孩子的成长带来了一些缺陷？而对这些缺陷，是否有一些教师认为这不关他的事，甚至心理上有一些排斥？关于教学，我跟孩子沟通得充分吗？如何实现个别化？真正的个别化是什么？"

有了这些诊断之后的推动、研究、改进，我现在发现诊断又给我们带来了一个更重要的益处：给我们带来了文化上的推动。哪些文化上的推动？现在每位教师都知道，教育教学效果不如意时首先检视自己，这一点已经开始根深蒂固。我们也知道，每一个人现在面对问题时要正视问题不回避，而且追求卓越。我们更知道什么是以学生为中心，什么是客户意识。我们的若干部门在主动积极地提供服务，我们的教师在追问自己:任何一个做法的背后,是功利性的目标,还是出于学生成长的需要?这是不一样的。因此这几年下来,我们在这些点上也基本上达成了共识,应该推动了学校文化的形成。

不得不提出来,诊断其实也有用好用不好之别,因为每一次诊断的背后都内隐着一些导向和价值取向。诊断是有明确导向性的。诊断什么,意味着从学校层面关注什么,而关注的背后通常是学校的理念,通常是我们的价值取向、我们的战略重点。我们为什么那么关注课程建设、教研组建设?为什么在教育教学诊断中一定要加一项幽默风趣?那是师生关系的润滑剂,折射出来的实际上是教师对学生生活态度、人生态度的影响等。那么我们到底应该追求怎样的工作文化,需要怎样的氛围?若干个工具、细微工作的背后内隐的实际上是这些东西。

最后我们还要强调一点,重视诊断,但不唯诊断。为什么?形成数据结果的原因有时候是多方面的。出现某个问题,有时是发展中的必然阶段,时间就能解决。而有的问题,有时候需要一些契机,有时候也需要润物细无声,需要一个过程去改变。我们肯定不能拿到诊断结果后"见风就是雨",一定要每次都挖掘背后的原因。要重视诊断,不唯诊断,但是更不能忽视一些趋势上的东西,也不能斤斤计较。数据已经 99 了也一定要争到 100,就很有可能像高考一样,为了争 1% 而失掉更重要的东西。我们关注的是趋势,而不是数字,尤其是当数据已经比较好的时候,不能要求无限逼近 100%。

对于学校诊断,我现在将其看作是学校管理的一个工具,它能推动组织和个人进入不断发现自我、不断改进的循环。而且诊断本身,随着学校的发展,甚至随着外部环境的改变,需要不断地完善和与时俱进。北京十一学校的学校诊断在专家的引领之下,会一直走在路上。

第一篇文章是田俊校长担任北京十一学校副校长时,作为学校里诊断工作的负责人,在我们项目学校内部的第一次校长论坛上的发言转录稿,当时是 2016 年 7 月。第二篇文章则是 2019 年 8 月,我在修改本书稿的过程中,专门请他书写的结束篇。

十一诊断，再思考

田俊

2016 年 7 月，在首届学校诊断论坛上，作为十一学校诊断工作负责人，我向大家介绍了学校诊断在北京十一学校的发展历程、诊断的操作实施及对学校诊断工作的一些粗浅认识。

2019 年 8 月，应李凌艳老师的要求，我再谈谈近几年我校诊断的新进展和我对学校诊断的认识。

1. 与学校日常工作结合，诊断的推进

在前些年第三方专业评估团队进入后，我们的学校诊断体系迅速得到完善，诊断过程和诊断分析、报告的形成等也越来越简洁、科学。在这两三年里，我们主要结合学校当前需求，在教育教学诊断两个维度内作了一定调整。

我们采用选课走班的教学组织形式后，行政班和班主任消失，传统的年级管理模式发生了改变。新的教学组织形式下，每位教师的全员育人意识必须增强，教育教学必须有机融合，教师的眼里要有"学科"，更要有"学生"。教师对学生的情况要有较为全面的了解，面向全员实施"全人教育"。

新时期必须看重"全人教育"，因此我们将教育教学诊断中的部分相关题目作了修订。

首先，调整原有题目"老师注重我良好品德和习惯的培养，引导我更好地做人做事"，改为两道题"老师关注我良好品德和习惯的培养，在做人做事上能给我好的引导和示范"以及"老师对我比较了解，能觉察到我的状态，适时关心和帮助我"。

其次，我们还在其他诊断中加入了育人导向的诊断题目。在年级诊断中增加"年级注重对学生行为的有效管理，为学生创设了安全、有秩序的学习氛围"；在学科教研组诊断中增加"我所在的教研组注重教师学科育人意识与方法的研讨和提升"。

从 2017 年开始，学校的改革开始进入深水区，关注课程实施的由"教"走向"学"，推进"基于标准的学习"，研究如何更好地在学习中实现核心素养、关键品格和能力的落地。以前我们学校的教育教学诊断仍然运用的是"教"的逻辑，为进一步发挥教育教学诊断的导向作用，诊断组详细研究了"基于标准的学习"的要求及特点，走访调研了所有学科，跟教师们一起进行了对教育教学诊断工具的调整。

改"教学效果"为"学习效果",基于当前课堂实施方面改革的初步现状,增加了"基于标准的学习"中基础性的"老师能够提供适合我的学习资源和方法"以及"老师能让我清晰地知道每个单元或每节课的学习目标"两项诊断指标。

学校诊断工具必须根据学校发展的现状进行适时调整,以更加符合当前发展现状,起到一定的导向作用。每次的工具调整过程也是一个提升所有相关人员认知的过程。对于诊断工具,大家必须要有较高的认同。

近三年除了推动常规性教育教学诊断的与时俱进,我们的教育教学诊断还将国际部纳入了学校诊断体系,也为高端实验室和竞赛课程单独制定了诊断工具。

2018—2019年春季学期,在第三方专业评估团队的指导下,我们还尝试从现有数据中挖掘育人意识和能力强的教师,并增加了小组织(如教研组)工作文化诊断。我们感觉到,当学校越来越大的时候,必须让一个一个小组织能够思考和发展起来,必须要形成良好的小组织工作文化,因此我们加强了这方面诊断的探索。

2. 对学校诊断的进一步感悟和认识

第一,学校诊断能有力推动"学生中心"的落实。

熟悉我们学校诊断的人都知道,我们的诊断工具大多出于学生感受的视角。例如,我们为什么坚持"老师风趣幽默"?那是因为一天六七节课下来,如果每位教师都很严肃地说教,那么即使再有学术魅力,学生恐怕也会感觉难受。而且"老师风趣幽默"也必然要求教师能够以更平等、豁达的态度面对学生,这里有着良好师生关系的基础,蕴含着积极的生活态度影响。

教育教学诊断面向全部学生,一线部门的生态和工作诊断、职能部门的服务诊断数据来源的主体也是最终客户——学生。诊断结果其实是学生想法和感受的外显。我们重视诊断结果,其实就是重视学生的感受。"我认为我已经关注到每个学生了。"——可是,不好意思,数据显示不是,那我们还是得反思是不是真的做到了关注每个学生,学生为什么感受不到。如果学生对设备设施维修的快速响应数据显示就是存在问题,那么我们的维修负责人员就得跟踪一些报修进程来调查到底是什么原因导致的。"人手不足"还是"工作态度"?抑或是"报修通道或维修跟踪机制"的问题?学校诊断在不断推动我们反思我们的工作是不是真的做到了"学生中心"。

而每次教育教学或部门工作的调查中,主观题里大量学生留下的对教师感谢的话语，对保安、保洁或者食堂某个师傅工作的肯定，我们都会反馈给本人，有些还做成精美的卡片由部门领导给到本人，让他们在学生肯定的话语中感受到自己工作的价值，从而心中更有学生。学校诊断给学生提供了一个表达感谢的机会，而这也形成了对教职工工作的一次次新的激励，从而更多地"把学生放在心上"。

第二，诊断是为了改进，但诊断组不能无限责任。

在前几年的学校诊断工作里，我们一直知道学校诊断不是目的，只是了解学校现状的方式，帮助我们更好地改进工作才是目的。在这个想法的影响下，我们试着推动一些通过诊断发现的问题的解决，以及工作改进，但每每在跟相应部门沟通存在的问题时都觉得有点心虚，因为我们不是上级或者督察部门，无权对部门或者个人指手画脚。在诊断结果反馈的会议上，也许大家会说"诊断组跟进一下某方面工作的改进"，但诊断中心能做的也只能是跟进，一段时间后再反馈。如何改进还是部门自身的事情，诊断中心确实不宜指导。因此，学校层面希望诊断组也要负责改进，这其实超出了诊断组的责任范围，诊断工作和诊断组不能"包打天下"。

如何处理好诊断组的有限责任、有限作为和"诊断就是要推动学校工作改进"的关系呢？也许推动学校层面建立一些工作改进跟踪机制，主动延展诊断工作服务是诊断组能够做的事情。

李希贵校长在潍坊当教育局局长时，为了让各县区重视教育，舍得进行长线的教育投资，让市委员会重要部门意识到潍坊教育的重要性和发展前景，推动了每年对县区进行的教育工作督导，明晰督导内容，并将督导结果纳入对党政领导一把手考察的范围，督导结果会在潍坊市人民代表大会开幕当天的党报上公布。

诊断组完全可以借鉴这个思路。我们重视诊断，且希望诊断发挥推动工作改进的作用，如果学校还没有相应机制，那么完全可以推动学校建立一定的机制。例如，在每学期面向校务委员的诊断会上，校务会共同确定几项限期重点改进、也应该可以改进得了的工作，由部门自己或者成立联合项目组，研究如何改进并推动改进。一学期或者一学年后，诊断中心专门就这几项重点改进工作面向校务会和工作改进负责人单独汇报。这样的工作机制设计就会让问题更容易引起重视和得到解决、改进。

同理，各部门、小组织也可以采用类似的工作思路，自行确定近期重点要改进的工作。而对于长线的工作，相关部门则宜联合研究和确定工作思路，通常也需要抓住关键原因，制订合适的方案逐步解决。

诊断组也可以考虑不断延展服务。例如，在大家都不知道该怎样建设学科教室的时候，诊断组可以向负责教师培训的部门提供"学科教室建设最受学生欢迎的 10 位老师"名单，从而方便他们调研挖掘、传播和肯定这些教师的做法。在有的年级，老教师很难实现学科教师到教学班班主任转变时，诊断组早就整理好全校范围内角色转变到位的老教师情况，"不经意间"推荐到需要的年级进行分享。这些做法既肯定了这些教师，又让其他教师有收获。在职能部门负责人忙于行政杂务时，给他们提供的报告可以更加简洁明了，给出明确需要关注的结论。

第三，学校诊断必须有利于"自发生长性"的学校生态的形成。

在最近两三年给教师的教育教学个人反馈报告中，怎样反馈数据、反馈什么样的数据也让我们纠结过。基于我校诊断数据结果已经到了较高的水平的情况，我们不希望教师们刻意去追求 100 分，因此我们一度呈现的是等级。90 分及以上都是优，80~90 分是良。但每次总有很认真的教师找过来，想知道具体的分数，理由是尽管都是优，但分数上 91 和 98 的差距还是很大的。教师所提不无道理，诊断组曾一度给出了每个诊断题目选五星到一星的具体人数，但给出具体人数后，我们也很快发现，有的教师就开始纠结"那个唯一选一星的学生会是谁？"……这时，教师的注意力和师生关系，包括隐性的师生相处文化，也许在不知不觉间就开始破坏。这是人性，教师没有错，错的是我们在这个事情上的做法，好的做法一定是要激发人的"善意"的。

那怎样的数据反馈是合适的？我个人觉得可以回归到学校诊断的出发点和学校发展阶段的特点来判断：如果单项得分都非常高，教师们本身都已经很努力，那么可以宽泛一点按等级划分，更多的人是优秀更好；如果单项得分教师间有一定差距，校内教师工作差异的确较大，那么可以考虑细分点等级或者给出单项分数位于哪个 20% 段，但还是不宜给出具体分数或选了五星到一星的具体人数。

学校诊断是组织和个人工作的第三方体检，基于组织和个人都有的强烈的自我改进愿望，希望了解真实的学生和工作上的客户的感受，以方便有针对性地自我改进。这是一种柔性、低利害、对部门和个人工作有利的数据调查方式，准确但不可能要求非常精确。同时，这也是一种了解工作状况的很好的方式，但不是唯一方式。既然是柔性、准确非精确、非唯一的方式，那就不宜给出非常具体的数字，非常具体的数字容易导致分分必争、斤斤计较，不可避免地会使部门或个人出现一些短视且功利性强的做法。教育是需要教师积极主动，更需要教师从容淡定的工作。校园里如果充斥着紧张、计较的空气，就不会有师生自由的呼吸和自发自在的生长。

　　也曾经有部门看到大家都比较重视诊断，于是提出给部门内和跟该部门有协同的岗位事无巨细地增加诊断内容，这些都是需要警惕的。一般情况下，我们诊断最关键、最核心的内容，而不宜盲目增加诊断内容，否则不仅容易使做诊断的师生采取应付的态度，导致诊断数据失真，还会使诊断工作背离本意，成为管理者勒在教职工身上的缰绳，让一线部门与个人失去了自我、自主发展的正确动力和应有的活力。

后　记

　　过去十余年，我和我的团队一直行走在基础教育一线学校中间，有时很近，有时稍远一点，但我们的视线从来没有离开过他们：可敬可爱的校长们、学校中的其他管理者和广大的教师们。在我们眼中，他们是中国教育真正的脊梁，是他们撑起了中国孩子头上的一片蓝天。

　　成为他们中间的一员，曾经是我年少时的梦想。但是，由于各种阴差阳错，我只能成为他们的朋友，看着他们行走的身影，倾听他们在现实中的感悟和困顿，感受他们的力量和沉甸甸的使命。

　　从最初的学校效能研究，到聚焦体现师生校园生活状况的学校氛围研究，我们一直期望能找到一个点，它不仅是作为象牙塔里基础教育的研究者可以沉湎徜徉的所谓的研究兴趣和领域，更重要的是，这其中的研究成果能转化成基础教育实践者可以借用的力量。然而，我们发现，这真的不是一件容易的事情：有时，我们的研究结果可以阳春白雪地写成铅印文字，然而对于我们敬重和热爱的他们来说，这些研究结果要么就是早已知晓的事实，要么就是美丽却无用的呻吟，要么就是看不懂的学术腔；而更多时候，他们的困惑和无助，是我们根本不可能体会，也不知如何研究破解之径的……

　　直到我们共同发现了基于学生发展的学校诊断这个点后，一切对话、沟通还有合作，变成了期盼已久的契合。

　　记得那是我在斯坦福大学做访问学者的时候，2014 年年初的一天，我正在办公室里兴致盎然地读着一页页文献，手机提示来了一条短信（那个时候，通信软件还没有那么显著地改变我们的沟通方式)。

"凌艳，这次你从斯坦福回来后，一定要把扎根十一学校多年所做的学校诊断研究转化成能为更多一线学校服务的事情。"

短信来自多年信赖而敬重的朋友和师长，李希贵。

语气肯定而明确。有信任，也有要求。

其实，在收到这条短信之前的大半年斯坦福访学生活中，也许由于远离了我的工作现场，我可以更好地静心反思自我；也许由于有了机会亲眼见证经年所读文献中专家学者们的研究方式——斯坦福大学教育学院研究基础教育的专家们每周要去一线学校三四次，与实践者们一起工作、探讨，早已是他们眼中司空见惯的事情——我已渐渐感悟到，什么将是我未来有资格与一线教育实践者们继续同行的方式。

2014 年 8 月，结束了访学生活，回到了我热爱的中国基础教育现场，我就和团队一起投入到和更多优秀的一线教育实践者们共同将基于学生发展的学校诊断从研究成果转化为能为实践可用的工作方式的过程中。也正是在这一过程中，我们也发现了不断升华自己研究积淀的源泉和力量。

从 2015 年年初起，学校诊断研究与实践走向了北京十一学校以外的更多学校，我们的研究团队有了与更多优秀学校并肩同行的机会。

还记得从发给学生和教师们的一份份纸质问卷开始，到逐步借助信息技术系统，实现线上诊断、线下线上同步结果反馈和解读，我们和学校们一起思索、探讨、行动。就在这样的砥砺同行中，我们以学校诊断为器，共同探寻卓越学校的发展之路。

回忆起 2007—2008 年刚开始学校诊断研究探寻的时候，那时我国的学校评估领域尚在为如何将"学生发展"纳入评估范围而寻找可行的指标。那时候的学校，即便北京十一学校，"一张课表一统天下"似乎仍是不可更改的事实……

仅仅十年后的今天，选课走班，将是我国几乎所有高中学校要部署或正在准备的一项工作，而高中往下的学段，由于基本学校组织方式的改变，课程和课堂也将发生深刻变化。

或许，这一变化很多学校目前还浑然不觉，甚至不以为然，也或者，不认为这样的变化与以前的多次变革相比有多大的不同，以为终将还是会像风一样刮过……

　　然而，当我们暂时离开学校的场景，回看现实生活这十余年的变化时，不得不深叹技术已然把我们卷入了新的时代：通信软件等媒介已经不着痕迹地彻底变换了我们与朋友和家人的沟通方式——2014 年，发短信还是我和朋友们交流中更为常用的方式，而今天，没有通信软件的两个人很可能成为不了朋友；无现金支付的交易模式已然切换了我们的个人财产形式，"钱"更多时候是一串数字，出门只带一个手机早就不是科幻电影里的场景了。而且，已经有声音在不断告诉我们，很快手机也将会被淘汰，物联网的后面将是什么联网，谁都不敢轻易说那是痴人说梦……

　　技术改变生活，只是一种比较客气的说法而已，人类的生活其实已经从农业时代、工业时代，切换到了信息时代。这种变化，回过头看就像电影剪辑中的快镜头切换一样，似乎还没有来得及察觉就已经发生。扫地机器人的劳动帮助人们减轻一点家务的负担，已经是技术改变我们生活最友好和温和的方式之一了。机器人的身后，是一张大得我们看不到边界、如浩瀚的蓝色海洋一样的网，我们听不见海浪声也看不见浪花，但它就这样包围了我们的生活，浸入我们之间赖以连接的沟通中，改变了我们的关系方式，也改变了我们每个人的生活……而教育作为人们之间重要的沟通方式和纽带，毫无疑问地也将会发生巨大的改变，学校作为传统教育得以发生的场所，将会在这样的时代背景下发生怎样的改变？怎样大胆的预想可能都不为过。

　　然而，只要人类的生存不变，教育作为人类生存中重要的沟通方式就会继续。信息时代人们的生活会巨变，教育的方式和学校的生态也可能发生颠覆性改变，但只要教育是以人类沟通方式之一的形态存在的，那么沟通的结果都将是沟通双方永远的关注所在，而诊断作为反观沟通效果的方式也将依然被需要。只是，也许，那个时候的诊断手段是今天的我们不可能想象的而已。

　　归根结底，教育作为人类沟通的方式之一，其过程就是沟通双方的需求不断契合、被理解并被满足的过程。哪怕未来的教育会模糊了双方之间的教师和学生身份，教育过程变成在不断的沟通中双方相互受益的过程，但那个时候也许仍会有现实或虚拟的学校存在，以满足人们沟通的需要。

　　本书后记，格式和内容上似乎很不同于一般专著的后记，我们所说的似乎也完全是一个与诊断无关的话题，好似开始了一场全新主题的讨论——其实不然，关于教育的所有讨论我们都不可能最终不回归到教育目的的本质问题上。当我们用诊断的视角和手段反观我们现时的教育和当下的学校时，其实也在思考教育和学校未来的出路和方向，因为这将是我们现下的学校即将通往的不远的前路。

　　未来已来，真的不再是美丽而模糊的传说，我们对今天教育和学校的反思正当其时，今天的结语不过是明天的开场而已……

又　记

2020 年的春节，注定让全中国人难以忘记。在这个出不了家门的"假期"里，我终于按照编辑的要求和建议，仔仔细细地完成了全书的又一轮审改。至此，从 2018 年春节期间一气呵成完成初稿，到放置的一年间请不同角色的同行帮助审读书稿，再到 2019 年暑期自我完成两轮修改并交付出版社，又到 2020 年寒假按照出版社的要求和建议完成书稿的再次审改……现在，应该是到了可以写真正的后记的时间了。

审改书稿的过程中，十余年来探索学校诊断之路中的许多场景像电影镜头回放一样在脑海中闪现，正是镜头里的人和事成就了这份书稿。

首先要感谢的是多年的师长兼老友李希贵校长，没有他的鼓励、信任、支持和亲身实践，就没有学校诊断。同样要感谢的是和李希贵校长一样的、我们"明校联盟"的校长们，田俊校长、朱建民校长、田树林校长、王俊成校长、白宏宽校长、王蕾校长、管杰校长、王海霞校长、崔京勇校长、孙睿校长、李长青校长、夏青峰校长、陆锋校长、陆彩霞校长、杨江红校长、朱则光校长、汪正贵校长、李文校长、陈国荣校长、申屠永庆校长……还有很多在学校诊断路上一直同行或曾经同行的校长们、学校诊断组的同人们、学校中的教师们，这本书其实写的就是我们做的事情的点滴。无论我整理的文字，还是其中采撷的大家的所思所想的片段，都只是这些年我们努力探索的中国学校诊断之路上的一点点风景——从这个意义上说，这本书不是"写"出来的，而是我们"做"出来的。

当然还要感谢我们的研究和技术团队，共同的对教育的价值追求让我们在纷扰的现实里努力坚持做自己、定位自己，虽步小但从未停止。陈慧娟、郑巧、苏怡、许璐、钟晓钰在书稿修订过程中给予的亦生亦友的帮助和支持更是从未忘记。

最后必须感谢北京师范大学出版社的郭翔老师和赵鑫钰老师，是你们不断鼓励、督促我完成书稿的出版推进工作。没有你们，我难以想象自己能否坚持完成与本书有关的各项工作。

现有的后记部分在初稿中意为"不是结语的结语"，因此，在这里，在此时，我再郑重地补上上述文字，表达我真挚和诚恳的感谢之情，这应该是真的"后记"里应该记录的，是以为"又记"。

李凌艳

2020 年 2 月 3 日